本书受到 2018 年河北省
青年拔尖人才项目（项目

U0671067

解读《意义⇕文本》模式

从语义层到深层句法层的转换研究

胡连影 著

知识产权出版社

全国百佳图书出版单位

图书在版编目（CIP）数据

解读《意义—文本》模式：从语义层到深层句法层的转换研究/胡连影著.
—北京：知识产权出版社，2018.5

ISBN 978 - 7 - 5130 - 5568 - 0

Ⅰ.①解… Ⅱ.①胡… Ⅲ.①语义层—研究 Ⅳ.①H030

中国版本图书馆 CIP 数据核字（2018）第 098564 号

内容提要

本书全面阐述了《意义⇔文本》模式的整体特点、构建及动态转换机制，并详细解读了语义部件的组成和转换机制，重点解读了组成迁喻法转换的词汇规则和句法规则，以及在转换过程中必不可少的词汇函数理论，希望为进一步解码该理论的学者提供参考。

责任编辑：王玉茂	责任校对：潘凤越
装帧设计：韩建文	责任出版：孙婷婷

解读《意义⇔文本》模式

——从语义层到深层句法层的转换研究

胡连影　著

出版发行：知识产权出版社 有限责任公司	网　址：http：//www.ipph.cn
社　址：北京市海淀区气象路 50 号院	邮　编：100081
责编电话：010 – 82000860 转 8541	责编邮箱：wangyumao@ cnipr.com
发行电话：010 – 82000860 转 8101/8102	发行传真：010 – 82000893/82005070/82000270
印　刷：北京九州迅驰传媒文化有限公司	经　销：各大网上书店、新华书店及相关专业书店
开　本：787mm×1092mm　1/16	印　张：11.5
版　次：2018 年 5 月第 1 版	印　次：2018 年 5 月第 1 次印刷
字　数：200 千字	定　价：55.00 元

ISBN 978-7-5130-5568-0

前　　言

　　《意义⇔文本》模式理论，全称叫作《意义⇔文本》语言学模式理论，它创立于 20 世纪 60 年代，创建者主要是梅里丘克（И. А. Мельчук），其他代表还有 А. К. Жолковский、Ю. Д. Апресян 等。

　　《意义⇔文本》模式理论是在俄罗斯国内外语言学理论成果基础上的创新性和应用性研究成果。它是以自动化翻译为目的而构建的层级转换的功能性模式系统。根据这个理论，先后建立了法 – 俄、英 – 俄的对译模型。同时，《意义⇔文本》模式理论是莫斯科语义学派最初研究的重心，从这个意义上讲，该理论是莫斯科语义学派的基础理论。总之，《意义⇔文本》为语言体系的整合性描写和语言学研究提供了新方法，模式理论无论从理论和应用上都具有重要价值。

　　《意义⇔文本》模式最初分为四个基本层级——语义、句法、词法、语音。各层又分为表层和深层。语句在不同层级上通过该层级特有的语言学手段体现出来。层级间内容的对应形成了转换机制。转换分为合成文本和分析文本两个方向。相邻层级间的转换形成模式的一个部件，共四个部件：语义部件、句法部件、词法部件、音位部件。语义部件是《意义⇔文本》模式中最深层的部件，其层级构建和转换理论更具有普遍性。

　　本书在全面清晰地阐述《意义⇔文本》模式的整体特点、构建及动态转换机制的基础上，详细解读了语义部件的组成和转换机制。通过详细阐述语义部件的构成，明确层级信息结构，并梳理从语义层到深层句法层的转换过程，了解迁喻法转换在语义⇔深层句法转换过程中的位置。从新的角度重点解读了组成迁喻法转换的词汇规则和句法规则和在转换过程中必不可少的词汇函数理论。

　　希望通过对《意义⇔文本》模式整体尤其是语义部件内容的具体展现和更深层的分析和解读，能够为进一步解码该理论提供帮助，也力争能为自动化翻译的研究工程添砖加瓦。

目　　录

绪　　论

第一节　《意义⇔文本》模式理论的产生

　　第二次世界大战后，人们强烈呼吁和平和发展，各国由战时的军事争夺转向战后全方位的竞争、协调与合作。经济发展成为各国的核心任务，而经济的发展很大程度上取决于科技的进步。1946 年，世界上第一台电子计算机 ENIAC 在美国宾夕法尼亚大学诞生后，科技进入了信息化和控制论的时代，计算机技术及与其相关领域的发展全面开始。各国都希望在信息化和控制论的领域占有一席之地，尤其是处于争霸格局中的美、苏两国。在竞争的同时，更需要交流与合作。语言是最基本的交流手段，在国际交流中，语言翻译的工作至关重要。逐渐频繁的国际交流使得翻译的工作也渐加繁重，因此，简化译员翻译工作的要求渐趋迫切。当这种要求与计算机技术的充分发展相结合的时候，就产生了自动化翻译的科学领域。

　　20 世纪 50～70 年代，美国、俄罗斯、日本、中国等国都推出了各种不同的自动化翻译理论，先后进行了自动化翻译实验。《意义⇔文本》模式理论正是在这样的社会背景下产生的，它也是以机器翻译为目的而构建的理论。《意义⇔文本》模式是一种功能性语言学模式，它尝试综合地模拟人在言语交际过程中表达和理解的过程，实现从语言到言语的转换。《意义⇔文本》模式将整个语言系统分为不同的层级，语言信息在各个层级有不同的表现形式，层级信息形式之间进行双向的转换。层级信息和层级之间的转换规则通过有利于转化为计算机语言的形式化语言整合性地记录在语法和词典中。以《意义⇔文本》模式理论为基础先后建立了很多自动化翻译模型，它也应该成为研究中－俄自动化翻译的重要理论。

《意义⇔文本》模式理论的主要创建者是 И. А. Мельчук，还有 А. К. Жолковский、Ю. Д. Апресян、Л. Л. Иомдин、И. М. Богуславский、М. Я. Главинская、В. З. Санинков、Е. В. Урысон、Е. В. Падучева 等代表人物。围绕《意义⇔文本》模式理论进行研究的这批语言学家后来形成了莫斯科语义学派，从这个意义上讲，《意义⇔文本》模式理论是莫斯科语义学派的基础理论。尽管莫斯科语义学派后续的研究形成了几个不同的分支，但没有脱离《意义⇔文本》模式的理论框架。莫斯科语义学派自形成以来，产生了极其丰富的理论成果和应用成果，在俄罗斯语言学界占有极其重要的地位。对莫斯科语义学派的研究离不开对其基本理论——《意义⇔文本》模式理论的认识和研究。

中国从 20 世纪 90 年代引入这个理论，在这个领域进行研究的主要代表人物有华劭、薛恩奎、张家骅、杜桂枝等俄语学者。

无论从研究自动化翻译理论的角度，还是从追溯莫斯科语义学派理论源头的角度，对《意义⇔文本》模式理论的掌握和运用都显得尤为重要，本书正是出于这样的思考展开讨论的。

一、《意义⇔文本》模式理论产生的语言学背景

（一）西欧和北美语言学发展状况

第一次世界大战之后，结构主义在欧洲和北美的大多数国家的理论语言学中占据了主导地位。结构主义在语音、音位、词法、句法等方面对语言符号进行了系统性的共时研究，系统、结构、层级的观念深入人心并被研究者普遍接受，为人们进一步认识语言的结构规律提供了宝贵的基础性成果。这种主导地位一直持续到 20 世纪 50 年代。

1957 年，乔姆斯基的《句法结构》（Syntactic structures）出版，标志着转换生成语法的诞生。乔姆斯基认为，人天生具有语言能力。转换生成语法从这种思想出发，以句法为中心，探讨具有生成能力的普通语法结构。转换生成语法对结构主义的一系列基本原理提出挑战，它的产生被看作语言学史上划时代

的革命。

经过结构主义的大发展和"乔姆斯基革命"后，语言学的发展呈现两种趋势。

第一，语言学内部分类细化，各新兴学科孕育并成长。

"在 20 世纪 50 年代以前，无论在历史比较语言学中，还是在描写语言学中，语言学的主要成绩首先在音位学中，其次属于词法学，再次属于句法学；同时，在词法学和句法学中主要研究了纯形式方面——能指的组合规则"（Мельчук，1999：53）。

在语言学内部各传统学科发展的基础上，20 世纪 50～60 年代从符号学的角度出发，语言学内部又产生了语义学、语用学等分支学科。20 世纪 60 年代，现代语义学开始成长起来，当时在欧洲广泛使用"结构主义语义学"这一术语，语义学取得了很大的进展，英国学者 S. Ullmann 和美国学者 J. J. Katz、J. A. Fodor 等人提出解释语义学理论；G. Lakoff、L. R. Ross 等人提出了生成语义学理论；A. Вежбицкая 和 Ch. Fillmore 等人也提出了自己的语义学说；与此同时，在美国哲学家 Ch. W. Morris 于 1938 年出版的《符号理论基础》（*Foundations of the Theory of Signs*）一书中提出"语用学"这个术语后，语用意义越来越受到关注，20 世纪 50 年代中期至 60 年代末，语用学研究取得了较大的进展（索振羽，2000：1 - 2）。在这一时期，除了语义学、语用学，语篇语言学等其他语言学分支学科也刚刚产生。

第二，学科之间联系越来越密切。

20 世纪 50～60 年代以后，语言学研究一方面不断细化，另一方面又走向联合。不仅语言学内部之前相互独立的各部分进行整合，即传统上独立的语音学、词法学、句法学、语义学联系起来，而且语言学与其他学科的联系也越来越多，例如，"后期结构主义特有的另一个趋势是将语言学数学化，使语言学和精密科学接近。这个趋势在 50 年代末到 60 年代初达到了顶峰。这个趋势在很大程度上与实践要求有关"（Алпатов，1998：306 - 307）。从 20 世纪 40 年代开始，美国、苏联等国家计算技术的积极发展就大大需要语言学家与其他学科研究者的合作。美国、英国、日本分别于 1954 年、1956 年、1959 年进行了机器翻译试验。70 年代以来，随着科学技术的发展和各国科技信息的交流日趋频繁，国与国之间的语言障碍显得更为严重，机器翻译理论又蓬勃发展起来。

（二）苏联语言学发展状况

20 世纪 20 年代，处于"一战"后的复苏期，苏联科学界与西方交流不多。三四十年代，马尔思想成为主流，反对结构主义，打乱了语言学的正常发展。苏联语言学的发展受到一些外部消极因素的影响。尽管这样，其语言学的发展仍然取得了长足的进步，大致有以下原因。

第一，时代的发展要求是促进语言学发展的客观原因。统一和纯正的语言是各民族融合的重要标志和重要手段。自苏联建立以来，语言学家作为社会主义的建设者，一直承担着为苏联各个民族制定标准语、正音、正字的社会任务。

第二，对语言学传统的继承和发展是促进语言学发展的另一个重要原因。十月革命以前，俄国国内以 Ф. Ф. Фортунатов 和 И. А. Бодуэн де Куртенэ 为代表形成了两大语言学流派：莫斯科语言学派和彼得堡语言学派。这两位语言学家是享誉世界的语言学家，他们提出了很多与索绪尔的观点类似的语言学观点，甚至有些观点提出得更早一些。他们取得的光辉成就和优良的研究传统被后续的学者继承和发扬，如 А. А. Шахматов、А. М. Пешковский、Г. О. Винокур、Л. В. Щерба、Е. Д. Поливанов 等。尽管受到社会环境的束缚，语言学家们仍然不放弃理想，执着于所热爱的语言学事业。

正是这两方面因素的影响，苏联语言学没有被结构主义的大潮甩到后面。"尽管苏联在 50 年代以前没有接受'结构主义'这个术语，但很多苏联语言学家客观上在走着西方学者所走的道路，运用共时的方法试图系统地分析语言现象"（Алпатов，1998：227）。同时，他们的研究具有自己的特点：踏实、厚重。20 世纪 20 ~ 50 年代的语言学家主要在语音、音位、词汇、词法、句法、构词、词典等方面进行了深入系统的研究，所取得的丰富成果是下一代语言学者科学研究的直接来源。

20 世纪 50 年代下半期开始，苏联语言学发展进入了新阶段。

第一，科学界恢复了与国外的交流。苏联更加开放，允许更多的国外先进思想和理论进入国内。在语言学界也有与国外交流的重要活动，并取得了一些成果，例如，①乔姆斯基的《句法结构》的俄文译本于 1962 年在《语言学新观点》（*Новое в лингвистике*）第二期出版；②法国学者 Lucien Tesnière 的

《结构句法基础》（*Éléments de syntaxe structurale*）对苏联国内 60～80 年代语言学发展具有重要意义（Алпатов，1998：293）；③很多苏联语言学家与布拉格学派联系相当密切，尤其要提到 P. Якобсон 这位重要的语言学家，从 50 年代以后，他多次来到苏联，与苏联同事往来密切，他的很多观点对当时的苏联语言学家影响很大。

第二，学术环境包括语言学研究环境更加自由。在这个时期，语言学的发展存在机遇和挑战，一方面，由于学术氛围更加宽松，各种新生理论、新兴学科刚刚形成，甚至还没有完全形成，例如，现代语义学、语用学在苏联的发展还比较薄弱；另一方面，各种新事物的萌芽产生了很多创新的机会。

第三，苏联对内发展、对外竞争的要求也促进了语言学的发展。计算机在美国的问世，使人类进入了信息化和控制论的时代。计算机科学很快渗入很多学科中，计算机科学与语言学的结合产生了机器翻译的学科门类。同时，与计算机科学有关的新兴领域也成为国家发展和国际竞争的重要领域，包括机器翻译。当时，苏联走在信息化和自动化研究的前列，1955 年、1957 年分别进行了较复杂的英-俄机器翻译试验和法-俄机器翻译试验。

总之，正是在这样的语言学发展背景下产生了《意义⇔文本》模式理论。这样的时代背景决定了《意义⇔文本》模式理论产生的直接原因、理论来源，甚至理论构建中的缺憾。

二、《意义⇔文本》模式理论的产生

《意义⇔文本》模式理论，全称叫作《意义⇔文本》语言学模式理论，它创立于 20 世纪 60 年代，创建者主要是 Мельчук，还有其他代表人物，如 Жолковский、Апресян 等人。

《意义⇔文本》模式理论的产生具有为计算机服务的应用性目的，它的产生与 Мельчук 在 МГПИИЯ（莫斯科国立外语师范学院，现在的莫斯科国立语言大学）的机器翻译实验室的工作有直接关系。1959 年，莫斯科国立外语师范学院成立了机器翻译实验室，Мельчук 是该实验室的工作人员之一。Мельчук 在《"意义⇔文本"语言学模式理论经验》（*Опыт теории лингвистических моделей 《смысл ⇔ текст》*）一书的前言中曾说过，最初 Мельчук 感兴趣的是词法的形式化问题。1964 年，他完成了《普通形态学概论》（*Очерк общей морфологии*）的初稿。这本书的撰写得到了 А. А. Холодович 的指导，Холодович 给了他中肯的意见：这本书应该有一个阐明整体研究方法 的绪论。于是 Мельчук 着手为这本书写绪论，计划在绪论中提出《意义⇔文 本》模式的术语，并从整体上概述这个观点，再简要描述语义部件和句法部 件，同时附上详解组合词典的样式。没想到这部分内容很快在结构和篇幅上又 可以独立成书了。1968 年春天，这两卷都交予了出版社，但直至 1974 年才在 苏联国内出版了原来的绪论，即《"意义⇔文本"语言学模式理论经验》。 1976 年，Мельчук 移民后，词法部分在法国巴黎用法语分四卷出版：*Cours de morphologie generale*（1993、1994、1996、1997）。相应的俄文译本名称为： *Курс общей морфологии*。这两部著作整体呈现了《意义⇔文本》模式理论的 面貌，尤其是原来的绪论部分。在《意义⇔文本》模式理论形成的过程中， 各种阶段性成果也分别以论文的形式发表在各种杂志上。

　　《意义⇔文本》模式理论的形成同样也离不开其他学者的努力，如 А. К. Жолковский、Ю. Д. Апресян、А. В. Гадкий、Л. Н. Иорданская 等语言学 家，尤其是 Жолковский，他在 60 年代与 Мельчук 多次合写论文，阐述《意义⇔ 文本》模式语义部分的内容。Апресян 的作用也非常大，因此，Мельчук 说， "《意义⇔文本》理论基础实际上是我们共同努力形成的"（Мельчук，1999： IX）。这些学者，除了与 Мельчук 联合发表著述阐释《意义⇔文本》模式理论 外，也独立阐述了很多相关思想，丰富了该理论的内容。除了上面提到的语言学 家外，还有 И. М. Богуславский、Л. Л. Иомдин、Н. В. Перцов、В. З. Санников 等也在这个理论框架下进行研究。

　　这样，《意义⇔文本》模式理论就以著作和论文的形式在 60 年代和 70 年 代上半期集中体现出来。围绕《意义⇔文本》模式理论进行研究的这一组人 大多数形成了莫斯科语义学派。在 Мельчук 移民后，尽管莫斯科语义学派在 理论观点和研究方法上获得了相对的独立性，但仍然在使用《意义⇔文本》 模式的理论框架和相关术语。

　　总之，《意义⇔文本》模式以应用为目的而产生，迎合了时代的发展要 求，同时，它凝聚了一批语言学家，成为莫斯科语义学派的基础性理论。无论 从应用性还是从理论性上讲，《意义⇔文本》模式理论都具有重要价值。

三、《意义⇔文本》模式理论的思想来源

时代的发展要求是《意义⇔文本》模式理论产生的直接原因，而前期和同期的语言学优秀成果是其产生的理论基础和来源，它汇聚了同时代语言学家的智慧，也汲取了前辈的思想精华。《意义⇔文本》模式理论的思想来源主要体现在以下几个方面。

（一）索绪尔关于能指与所指对应的思想

索绪尔的伟大不仅在于他发现了语言学的一些普遍的真理，而且在于他提出了让一代又一代语言学家不断深入讨论的一些思想和观点，例如，能指与所指的关系问题。语言符号是由能指和所指组成的，能指是语言的声音形象，而所指反映的是关于事物的概念，能指和所指是不可分割的。能指与所指的关系是语言学不断深入讨论的重要问题，随着这个问题的讨论维度越来越广，深度也逐渐加深。我们粗略地总结了关于能指与所指关系研究的几个发展趋势。

①从最初主要关注各层级能指（语言形式）的内部结构及能指之间的结构（如语音学、构词学、句法学）到研究能指与所指之间的对应关系（如词汇语义学、句法语义学等）；②从能指角度讲，能指与所指的关系研究逐渐从简单的、规模小的语言单位到复杂的、规模大的语言单位，例如，从最初的词汇语义学到句法语义研究再到篇章语义分析，作为研究对象的语言单位的规模逐渐扩大；③从所指角度讲，语言学家的视野从语言符号的宏观意义逐渐进入符号意义的微观世界，例如，从对词义整体的系统分析到对词义的内部组成和结构的分析和描写；④从孤立地研究能指与所指的关系到在一定上下文中研究能指与所指的关系，例如，从脱离上下文孤立地研究词义到关注语境中词的意义，再到分析语用意义；⑤针对同一层次的语言符号，从对所指内部成分的对比研究到对所指内部成分的线性结构研究，例如，语义场理论只关注在一个语义范围内具有一定关系的词或词组所指的相同点或区别，而元语言释义理论不仅关注同一层次语言符号所指的内部成分之间的区别，还探究内部成分之间的线性结构关系。

以上发展趋势不是截然分开的，而是相互融合的，当然，在语言发展过程中可能有一些特殊的情况，但整体趋势是不变的。《意义⇔文本》模式理论的

形成顺应了这样的趋势。首先，《意义⇔文本》模式以语句为基础单位，将意义（所指）和文本（能指）分别置于多层级转换模式的两端，自动地由给定的意义获得相应的文本，或者由给定的文本获得相应的意义，这表明模式处理的是能指与所指的对应关系问题，而且，以语句为基本单位进行描写也说明能指的语言单位的规模是比较大的。其次，《意义⇔文本》模式通过具有某种关系的义子描写语句的所指，这说明，《意义⇔文本》模式进入了所指的微观世界，而且关注所指组成成分之间的线性结构关系（义子组成的语义图示可以转写为线性的释义结构）。最后，《意义⇔文本》模式的意义中不仅包含词汇意义，而且包含实义切分意义，也就是《意义⇔文本》模式不孤立能指在一定上下文中产生的意义。

从以上分析可以得出，《意义⇔文本》模式理论顺应了能指与所指对应关系研究的发展趋势，在新的理论背景下诠释了能指与所指的对应性问题。

（二）乔姆斯基转换生成理论

除了索绪尔的语言学观点的影响外，Мельчук 还指出，"我们的理论基础是乔姆斯基的转换生成学说，我们认为这个模式是其理论的自然发展。"（Мельчук，1999：17）。

1957 年，乔姆斯基出版了《句法结构》，标志着转换生成语法理论的诞生，后来他又相继出版了《句法理论要略》《深层结构、表层结构和语义解释》《支配和约束论集》等重要著作，不断丰富和发展了转换生成语法的理论和方法。

乔姆斯基认为，人具有普遍的语言能力，这种能力也是一种概念结构，而这种概念结构体现在句法中。所以他以句法为中心尝试探究普遍语法规律。学界普遍认为，乔姆斯基的转换生成理论主要经历了三个阶段。

第一阶段为第一语言模式时期，这时的语法规则系统由改写规则（短语结构规则）、转换规则和形态音位规则构成。改写规则将句子分解为短语结构。转换规则对所加工的符号链进行短语结构分析，并指出转换使这些符号链发生的结构变化，形态音位规则对转换获得的结构给出语音表达。

第二阶段为标准理论时期，"这一时期的语法包括句法、语义和语音三部分。句法部分是语法的生成部分，具有创造生成句子的能力。句法部分由基础和转换两部分组成，基础部分除改写规则外，还有词典，词典中列入各个词项的句法特性、语义特性和语音特性，基础部分生成深层结构，转换部分把深层结构改变成表层结构。深层结构进入语义部分，获得语义解释，它由转换规则影射为表层结构，然后表层结构由语音部分的规则给出语音解释"（林玉山，2000：94-95）。

第三阶段为扩充标准理论时期，这一时期的句法由两大部类构成。一是结构部类，其中包括基础、底部结构、浅层结构、表层结构、语音和逻辑式。二是规则部类，其中包括基础规则（X-阶标理论）、转换规则、追加规则和下标规则等。"X-阶标理论作用于由词项和范畴构成的基础，生成底层结构。转换规则——移动 a 把底层结构变成浅层结构。追加规则把浅层结构变成表层结构，其中的消删规则决定着表层结构的语音式。下标规则把浅层结构变成逻辑式，传达一句话的语义信息和语言知识"（林玉山，2000：112）。

《意义⇔文本》模式理论受到了转换生成理论的一些基本思想的影响，笔者总结了以下几个方面。

（1）形式化的描写方式。"乔姆斯基力求建立一种公式化的一般语言结构理论，努力寻求语言学上严密的公式表示法"（林玉山，2000：94）。"《意义⇔文本》模式应该完全形式化——通过单义的、逻辑连贯的、不需要添加任何补充信息的表达式"（Мельчук，1999：20）。Мельчук 还指出，相比之下，乔姆斯基理论的形式化要求更严格。

（2）对深层结构和表层结构的划分。乔姆斯基把句法分为深层结构和表层结构，深层结构是体现人类语言能力的普遍结构，表层结构体现的是有具体语言特点的结构。《意义⇔文本》模式将这种分层的方式运用到语言的各个层级上，它将语言分为语义、句法、词法、语音四个基本层级，然后各个层级又分为深层和表层。虽然，这里的表层和深层不是普遍语法和个别语法的区别，但深层仍然比表层具有更普遍的特点。

（3）层级转换的思想。转换生成语法在转换部分把深层句法转换为表层句法，把共性转变为个性，抽象转换为具体。《意义⇔文本》模式理论把转换的思想用到各个层级上。可以说《意义⇔文本》模式是层级间和层级内部的转换规则集。转换分为两个方向：分析文本和综合文本方向，综合文本方向上的转换是从语义到句法、词法、语音的转换，层级内部要经过从深层到表层的转换。分析文本时，转换是相反的过程。

（4）层级划分的顺序性和深浅对应性。转换生成语法把句法作为中心，语义作为深层句法结构的解释，语音作为表层句法结构的解释。这种语义、深层句法、表层句法、语音的层级对应的思想在《意义⇔文本》模式理论中进一步发展。《意义⇔文本》模式把语言依次划分为语义层、句法层、词法层和语音层。相邻层级之间关系最密切，转换是相邻层级之间的依次转换。

乔姆斯基的转换生成语法的层级、转换、形式化等思想确实为后来的相关理论，如《意义⇔文本》模式理论的发展扫清了道路。正如 B. M. Алпатов 指出，"在苏联，由于一系列原因直接在乔姆斯基的模式框架内完成的研究没有得到广泛普及，但是从广义上应该说，从 60 年代开始，这里建立了生成主义。60～70 年代由 Мельчук 及其他人创建的《意义⇔文本》模式明显是新的语言学范式的分支"（Алпатов，1998：321）。

（三）言语交际过程理论及其应用性成果

"把自然语言看成是《意义⇔文本》转换器，这种观点本质上源自于普遍接受的原理：语言是人们交际的工具，是传达意义的手段"（Мельчук，1999：12）。

"所谓交际，是指发生在人与人之间借助于某种符号来传递信息，交流思想和感情，并产生相应行为的一种社会活动"（徐志鸿、黄国营，1994：26）。交际分为言语交际和非言语交际。言语交际过程就是信息传递的过程。语言是承载信息的代码。说话者通过语言来发送信息，受话者通过语言接收信息。言语交际过程包括编码、发送、传递、接收和解码几个连续的过程。

Якобсон 也曾经对言语交际过程进行了总结（Мельчук，1999：12）：

①信息通过言语信号串（有声的或可视的）传达出去——编码和发送；

②承载信息的信号串通过某些联系渠道（声音传播的空气、电话线、书的纸张等）从说话人（书写者）传向听话人（读者）——传递；

③听话人从说话人发送的信号中提取出说话人所指的那个信息——接收和解码。

这一过程能够进行的关键点，即说话人和听话人掌握同一个密码——言语信号与言语信息之间对应规则。

　　计算机处理信息也是编码和解码的过程，因此，从言语交际过程的观点出发很容易找到语言和计算机之间的契合点。为机器翻译服务的《意义⇔文本》模式就是模拟人脑编码和解码的过程，把具体的言语交际过程综合起来并抽象出来，将人脑中信息和信号的对应通过一套转换规则系统体现出来。《意义⇔文本》模式把传达和理解的信息称为意义，承载信息的物理信号称为文本，把信息与信号之间的对应关系称为意义与文本之间的对应关系。在交际过程，人脑要处理的就是编码和解码，在《意义⇔文本》模式中，编码就是将意义转换为文本，即合成文本，解码就是将文本转换为意义，即分析文本。

　　人脑编码和解码时要依靠一定的原则和规律。人们无法了解到大脑如何具体地把认识转换为言语，但是，语言学家能够通过言语结果总结语言规律，模拟这个过程，以达到相同或大部分相同的结果。也就是说，当由给定的意义获得文本时或由给定的文本获得意义时，《意义⇔文本》模式能够做到的应该和人脑能够做到的达到大部分吻合。因此说，《意义⇔文本》模式是模拟言语过程的概括性模式。

　　言语交际过程理论的应用性研究体现在一系列自动化翻译理论上，从 20 世纪 50~70 年代，在德国、美国、英国和苏联国内出现了很多致力于自动化翻译的中心，并取得了丰富的成果（Мельчук，1999：16-17）。自动化翻译的成果对《意义⇔文本》模式而言有直接的借鉴价值，如在模式的整体构建及结构等问题上。正像 Мельчук 所言："《意义⇔文本》模式观点的形成受到了在全世界已经进行了 20 多年的自动化翻译研究、文本的分析和综合研究的强烈影响"（Мельчук，1999：17）。

　　总之，语言的交际功能思想及其在自动化翻译理论上的应用性研究取得的具体成果也是形成《意义⇔文本》模式理论的基本思想和理论基础。

（四）苏联国内外某些具体的语言学成果

　　《意义⇔文本》模式涉及了语义、句法、词法、语音等各个语言层级的内容，如果没有对各方面具体、深入的研究，就不可能对它们进行整合性描写。当然，对语言体系的清晰认识不是一个人能够做到的，这需要众多学者长时间的不断积累和发现。我们从以下几个角度总结了《意义⇔文本》模式构建时所汲取的具体的语言学营养。

首先，苏联国内在语音、词法和句法上的丰硕成果是模式理论形成的坚实基础。其次，苏联国外关于句法、语义等方面的前期理论成果也给该理论注入了新鲜的动力，如法国 Tesnière 的句法理论、结构主义语义学的一系列学说（Boguslawski，1966；Fillmore，1965，1968；Lyons，1963；Lakoff，1965，1966；Bendix，1966；Weinreich，1966；Wierzbicka，1967，1969）。最后，该理论的形成更离不开构建者对当时的语言学成果的借鉴（1964 年第一个 МГПИИЯ-МПиПЛ 机器翻译实验室的工作人员的论文集）和与同期语言学家的交流，例如，Мельчук 在很多问题上都受到了 Жолковский 和 Апресян 的影响。

综上所述，《意义⇔文本》模式理论受到了能指与所指对应关系研究的深远影响，在整体构建上受到了乔姆斯基转换生成语法的启发，并以言语交际过程理论为基础直接借鉴了自动化翻译的理论成果，在层级构建的具体内容上汲取了国内外前期和同期的优秀成果的营养。《意义⇔文本》模式汇聚了众多语言学思想的精华，同时也烙上了某些时代局限性的印记，例如，由于语用学的研究才刚刚起步，因此，模式中对语用意义的描写还比较薄弱。

四、《意义⇔文本》模式理论的整体特点

（一）受限的功能性模式

《意义⇔文本》模式是模拟人类表达和理解的过程，使模式得出的结果和自然言语过程产生的结果达到大部分切合的功能性模式。这种功能性的产生源自两方面的原因。第一，在表达和理解过程中，人脑的运行过程几乎是不可知的，或者是不完全可知的。Мельчук 强调，语言学家不研究也不应该研究在言语过程中大脑中发生了什么。我们能够掌握的仅是所获得的结果，或者能够通过推理、自省等方式了解大脑活动的部分情况。要想得到大脑运动的细节几乎是不可能的。第二，机器翻译的应用性需要。机器翻译只要求保证通过计算机"思考"的结果和人脑思考的结果绝大部分吻合，不要求两个思考的过程达到一致。《意义⇔文本》模式要达到这种功能性结果，除了要求模式内部的转换过程符合言语交际过程的基本原理外，还要求对言语结果中蕴含的规律，即语言规则有充分的认识和掌握。Мельчук 指出："人工模仿某个过程、现象和机制是以理解所研究客体的一些单独重要方面为前提的"（Мельчук，1999：13 – 14）。尽

管结果大部分相同，但是，正如薛恩奎指出的："《意义⇔文本》模式是一个受限的语言转换模式"（薛恩奎，2006c：49）。这种模式从产生、发展、运行及取得的成果，都受到"功能性"特点的限制。功能性模式的运行过程与人类具体的言语过程相比，具有以下几个特点。

（1）计算机用来表达和理解的程序是人为的。而人脑用来表达和理解时所运用的"程序"无论是天生完全具有的，还是在后天环境的帮助下形成的，都是人自身拥有的。

（2）计算机用来表达和理解的程序需要很多人长时间的努力才能获得。而一个人两三岁就可以正常地表达和理解。

（3）计算机的表达和理解能力的提高有赖于输入程序的不断修正和丰富。而程序的不断修正和丰富又取决于语言学家对语言不断深入的认识。语言学知识的不断丰富是漫长的，但是人的言语能力随着知识的不断丰富可以很快提高。

（4）计算机能够表达和理解的内容是固定有限的。因为，第一，语言学家不可能对所有语言规则毫无遗漏地认识清楚，第二，即使认识清楚了，有时也无法让计算机完全掌握。例如，要想把千变万化的语境信息描写全面恐怕是不可能的，即使描写全面了，而计算机如何识别具体的语境下生成的具体意义，仍然是一个难题。例如，"我走了"这句话在不同的场合可能会有不同的附加意义："你们说的话，太无聊，不爱听""我实在受不了她了，我先走了，让她静一静""我走了，好舍不得"……而人能够表达和理解的内容是丰富的。

（5）计算机在表达和理解时，程序运行的顺序是人为固定的。《意义⇔文本》模式人为地把语言分成各个层级，各个层级进行有序的转换，从语义→句法→词法→语音的方向或相反的方向一步一步地进行。而实际上人的表达和理解过程不是一成不变，也不可能这样清晰有序。表达或理解一句话时，是从句法出发，还是最先关注某个词汇意义，都不是固定的。

（6）计算机的表达和理解都是综合性的。《意义⇔文本》模式一方面能由一个给定意义获得多个相互同义的文本，另一方面能由输入的一个文本获得正确的意义，并排除同形（同音）异义现象。而人每次表达和理解都是具体的，不可能这么全面，对于表达而言，《意义⇔文本》模式输出的结果可能是同一人在不同情况下表达的综合，也可能是很多人在不同情况下表达的综合。

因此，《意义⇔文本》模式始终是功能性模式，它不追求过程的相同，而只要求达到一定条件下结果的大部分吻合。

（二）微观的动态描写（运行模式）

《意义⇔文本》模式作为功能性模式模拟的是人合成文本和分析文本的过程，过程本身是动态的，因此，《意义⇔文本》模式也具有一定的动态性，这种动态性是相对的。

一方面，计算机在处理输入的文本或意义时，要写出具体的步骤，呈现过程的连续性，而《意义⇔文本》模式只是提供能够形成这些具体过程的信息库、信息配合的原则和方法、转换规则、转换原则、转换的整体思路等，从这个意义上讲，模式中包含的语言学信息是概括性的、静止的。

另一方面，《意义⇔文本》模式的理论思路和描写方法与历史比较语言学、结构主义语言学的描写方法相比，明显具有动态的特点。历史比较语言学比较有亲缘关系的语言之间在语音、形态、语法和词汇等方面的异同，从而推测它们的发展规律；结构主义语言学注重对语言层次的划分，分析层次内部的结构组成，在某个概念范围内比较异同。《意义⇔文本》模式理论描写各层级信息的对应性和转换关系。如果说历史比较语言学观察各语言的亲属承接关系，研究宏观的动态关系，那么《意义⇔文本》模式是描写合成言语和分析言语过程中语言成分的微观动态变化；相对于结构主义的描写方法，模式在详细记录各层级结构信息的基础上，关注各层级单位信息的联系和转换关系，就像很多线把具有系统结构的各个层级连接起来一样。从这个意义上讲，模式在微观层面具有动态性。为了体现动态性及与计算机工作相接合，《意义⇔文本》模式理论使用的某些术语甚至都具有设备名称的特点。

（三）对语言知识的全面整合描写

《意义⇔文本》模式要实现应有的功能必须充分认识语言规律，并对语言进行详尽的描写，语言中的信息和规则要通过整合性描写原则组织起来。整合性描写原则主要体现在以下几个方面。

（1）词典是对语言进行全方位理论描写时不可分割的一部分，在所有重要关系中都与语法同等重要。

（2）形式词典和形式语法作为统一的语言理论的一部分，在分配语言信息、记录语言形式以及语法规则和词典材料（规则和客体）的相互作用等关系上，应该彼此协调一致。

（3）语法信息和词典信息相互协调的要求还包括：语言的所有有意义的单位——词、句法单位、语法单位、结构、韵律元素——的意义都要用同一种语义语言描写（Апресян，1995：10）。

语法和词典之所以同等重要，是因为词典在很多方面都具有不可或缺的作用，打破了以语法为主、词典作为辅助工具的分配模式。

语法和词典同等重要体现在语法和词典信息相互融合上，这种融合体现在以下原则和方法上。首先，分配语言信息要均匀、全面，不要有遗漏，任何语法现象都能在语法或者词典中查到。概括地讲，语法一般负责记录具有普遍性特征的信息，而词典负责收录具有个性的信息。其次，规则和信息要相互作用，所有规则涉及的词的某种特性在相应的词条中要有所体现；词典中关于词的某个特性信息能够涉及所有与之相关的规则。再次，对各种语法范畴、语法概念等用统一的记录形式，《意义⇔文本》模式采用形式化的记录形式。最后，对所有有意义的单位都要用同一种语义元语言描写。意义是模式合成文本方向上转换的输入端，也是分析文本方向上转换的输出端。用同一种语义元语言对词汇和语法单位进行统一描写，使语法和词汇的意义信息相互统一、避免矛盾、易于接合和转换。

整合性描写使词条几乎成了相关词的信息大全，这种词典叫详解组合词典。按照 Мельчук 的构想，详解组合词典的词条中应该包含以下几方面内容：①标题词；②形态信息；③注释；④支配模式及支配模式实现的条件；⑤实现支配模式的语言实例；⑥标准词汇函数；⑦非标准词汇函数；⑧标题词的"词汇世界"；⑨举例说明部分；⑩熟语化词组；⑪比较部分。显然，在这个词典中包含了词的语义、句法支配模式、搭配能力、词的派生词、同义词、不正确用法等信息，相当于各种单项词典的汇合。

（四）形式化模式

《意义⇔文本》模式理论是为自动化翻译服务的语言学理论。计算机不能像人脑一样，有创造性理解的能力，它本身只能接受、识别和破解密码。要想使计算机像人一样能够合成本文和分析文本，就需要把人脑中的语言系统

（人们认识的语言系统）移植到计算机中，要做到这一点，除了需要有详尽无疑的语言学知识外，语言学知识转化到计算机中的手段同样重要。"自然语言是人脑与人脑的交际工具，逻辑语言是人脑与计算机的交际工具。……计算机只能接受、理解和识别形式化的逻辑符号，人工智能技术只得努力将极其复杂的自然语言转化成逻辑语言并输入计算机的程序中"（隋然，2003：30）。

为了向逻辑语言转换更加方便，《意义⇔文本》模式对自然语言进行形式化描写，也就是用某种规约性的形式符号表示自然语言的词和句法，通过这样的词和句法代替自然语言解释性的描写方式。形式化描写缩减了表述规模，也更有利于向逻辑语言转化。《意义⇔文本》模式的形式化手段包括自然语言的词位和某些人造词位（原形）、语法特性名称的缩写形式、数字、各种代表性的字母符号和图形符号（树形图）等，如，ДЕЛАТЬ（自然语言词位）、* ВАХТИТЬ（人造词）、Oper（词汇函数符号）、A（情景参与者符号）、数字 1～6（深层句法关系代表符号）、сов（完成体）等❶。各个层级的不同信息用不同的形式化手段表达。层级间的相同信息要保持一致的表达形式。

总之，统一的形式化记录方式是以自动化翻译为目的的《意义⇔文本》模式理论的必然要求，因为形式语言比自然语言更有利于转换为计算机识别的逻辑语言。

综上所述，《意义⇔文本》模式是以自动化翻译为目的，模拟人表达和理解言语的微观动态过程的受限的功能性模式，它通过语法和词典的相互配合对语言的多层级信息及转换规则进行形式化的整合性描写。

第二节　《意义⇔文本》模式理论的发展

一、《意义⇔文本》模式理论在俄罗斯的发展

（一）《意义⇔文本》模式理论研究取得的进步

以《意义⇔文本》模式理论的研究为中心形成了莫斯科语义学派。在

---

❶ 下文将对各种形式符号代表的内容进行详细解释。

Мельчук 移居加拿大以后，莫斯科语义学派开始了非本质性的，但非常明显的"地域性"分化。其中，有两种因素对莫斯科语义学派在俄罗斯的分支的特点造成了影响，这两种因素是：①以多功能语言学程序 ЭТАП 的形式实现"意义⇔文本"转换模式理论的计算机应用，由此产生了语言整合性描写的思想；②理论语义学、世界语言图景和体系性词典学等方面的研究（Апресян，杜桂枝，译，2006a：1）。无论是俄罗斯国内在语义学、体系性词典学、世界语言图景理论、动态模式等方面取得的理论成果，还是以 Мельчук 本人为代表的俄罗斯国外的研究团队的论著，都进一步丰富了《意义⇔文本》模式理论，同时，该理论在文本自动处理的实践中也不断取得成效。

下面梳理和总结了近些年《意义⇔文本》模式理论发展的几个方面。

西方国家对《意义⇔文本》理论的整体评述越来越多，这方面也有一些英语和法语的文章。整体的层级划分有少量改动，出现了新的层级，如深层语义层。

语义部件的组织结构、形式原则进一步明确，随着语用学的发展，相关的语用学理论也使语义部件的内容不断充实；不仅提出了词典学的理论，如建立详解组合词典类型的双语词典的组织结构、词典学信息的连续性原则等，而且出版了 1 卷俄语详解组合词典和 3 卷法语详解组合词典，还为英语学生出版了俄语版的教科书式词典和关于俄语、英语、法语等词汇单位的词典学描写的著作；在表层句法部件中明确了句法从属关系，描写了大量的俄语、英语和法语的句法规则，研究了一系列俄语、英语、法语的复杂句法结构等；在语法领域，研究态、熟语等。在理论发展的同时，在形式化表达上也有少量的变化，例如，过去用数字"1""2""3""4"表示的题元性深层句法关系于 1998 年改由罗马数字表示，限定和并列的深层句法关系原来用"5""6"表示，现在用"ATTR"和"COORD"表示；伴随在 Syn（同义）和其他一些词汇函数旁的两个符号"⊃"和"⊂"现在是解释性的，即"богаче/беднее по смыслу"等。

同时，以《意义⇔文本》模式理论为基础建立了几个文本自动处理系统：①Апресян 领导的法 - 俄和英 - 俄两个自动翻译系统；②在蒙特利尔建立了气象报道和统计报告的生成文本系统；③在巴黎建立了一个生成气象报告的多语言系统；④运用《意义⇔文本》模式的词汇函数和形态部分在德国建立了多语言的自动化翻译系统。

（二）《意义⇔文本》模式理论的研究空间

《意义⇔文本》模式是对语言进行描写的一个繁杂的系统，它要求对各个层级进行详细、系统地描写，尽管已经取得了非常丰富的成果，该理论仍然有发展的空间。例如，①仍然可能产生新的过渡层级；②关于意义的交际组织信息的描写还不多，缺少系统的内容信息和形式化规则；③某些具体构建内容和转换规则还需进一步明确等。

二、《意义⇔文本》模式理论在中国的研究现状

尽管该理论仍然在不断的发展和完善中，但已经显示出巨大的魅力。《意义⇔文本》模式理论从 20 世纪末开始引入中国国内，进行这方面研究的主要代表有华劭、薛恩奎、张家骅、杜桂枝等语言学学者。根据收集到的资料，笔者总结了《意义⇔文本》模式在国内的研究状况，大体情况如下。

（一）对《意义⇔文本》模式的整体概述

有一部分研究对《意义⇔文本》模式产生的背景、基本原理、工作机制、层级结构等进行整体概述，主要体现在《"意思⇔文本"语言学研究》一书中及该作者的其他几篇文章（见薛恩奎，2005，2006b，2006c 等）。

（二）对《意义⇔文本》模式中某个部件理论的单独阐述

主要是对语义部件和句法部件中的某些理论对象进行单独研究，如语义部件中的语义元语言、词汇函数、深层句法结构、句法转换规则、词汇转换规则、题元与配价理论，也包括对俄语详解组合词典的介绍和研究（张家骅，2002a，2002b，2003，2006a；蒋本蓉，2008a，2008b；于鑫，2005 等）。

（三）对与《意义⇔文本》模式理论密切相关的理论介绍和研究

主要是对莫斯科语义学派观点的整体介绍、配价和题元问题、整合性描写问题（Ю. Д. Апресян、杜桂枝，译，2006a，2006b，2006c；张家骅、彭玉海、孙淑芳、李红儒，2005；张家骅，2001，2006b，2008；蔡晖，2009；郝

斌，2002，2004；彭玉海，2008；于鑫，2006 等）。

（四）近些年也有以词汇函数理论为基础进行汉、俄对比等扩展性研究的（徐涛，2011）

总而言之，与整个莫斯科语义学派的研究规模相比，仅就现在出版和发表的论著而言，国内对《意义⇔文本》模式理论的研究力量还是比较薄弱的，在研究的广度和深度上还有很大的空间。尽管这样，国内现已取得的研究成果足以让作者对这一理论产生浓厚的兴趣。

第三节　研究内容

一、研究背景

开始了解《意义⇔文本》模式理论源自于相关概念术语、术语间复杂关系、某些观点带来的困扰。理论的复杂难懂一方面阻碍理解的过程，另一方面也激发了研究它的愿望，这种愿望引领着对它进行不断的理解和分析。随着对《意义⇔文本》模式理论认识的不断清晰，对其价值也逐渐认同。

《意义⇔文本》模式理论以自动化翻译为目的，它的产生是信息自动化时代的自然要求。当今，信息自动化迅猛发展，该理论也不断成熟，我国信息化的发展特别需要这样的理论模式。尽管《意义⇔文本》模式理论的研究主要以俄语资料为基础，但这一理论研究方法、研究思路，甚至理论框架都是具有普遍性的，对《意义⇔文本》模式理论的深入探讨可以对汉语和俄语之间的自动化翻译的发展提供理论支持。不仅如此，《意义⇔文本》模式理论的编码和解码的过程整体上类似于人类用语言表达（编码）和理解语言（解码）的过程，因此，该理论中形成的一些规则在实践中对掌握语言、语言教学、语言应用等都有指导作用，同时，大量的例证本身也是学习俄语的实践资料。除了应用性意义外，《意义⇔文本》模式理论具有重要的理论价值。在对《意义⇔文本》模式理论的研究过程中形成了莫斯科语义学派，从某种意义讲，它是莫斯科语义学派的基础性理论，所以，研究莫斯科语义学派，就不能不研究《意义⇔文本》模式理论，只有对该理论有充分的认识，才能对莫斯科语义学派在这个框架下的语义学、句法学、词法学、语音学等研究得更加深入。因此说，该理论具有基础性意义。总之，无论从应用的角度还是从理论研究的角度讲，《意义⇔文本》模式理论都具有重要的价值。

我国从 20 世纪 90 年代才引进这个理论，国内现在对整个《意义⇔文本》模式理论的研究不多，对语义部件的研究就更少了，所以还有很大的研究空间。

正是因为对它的研究有重要的意义和价值，我们从诸多有待解决的问题中选择了一个——从语义层到深层句法层的转换——进行研究。

二、研究框架

《意义⇔文本》模式理论形成后，先后建立了法语－俄语、英语－俄语的对译模型。建立有效的汉－俄互译机制也成为相关领域研究者的目标，显然，要实现这个目标，掌握这个模式理论是至关重要的。在该模式中，语义部件的内容是最重要的，它是模式在合成方向上转换的开端部件，也是在分析方向上转换的结尾部件。对这部分的研究是认识和研究其他部件的基础，而且它是最深层的部件，所以关于该部件的理论内容更具有普遍性，有利于推广到其他语言上。

本书将对《意义⇔文本》模式整体尤其是语义部件的层级建构和转换机制进行系统深入的解读，希望通过基础性研究，使更多的人进一步理解和认同这个理论，为我国的汉－俄自动化翻译提供理论上的支持，为继续深入或扩展性的研究提供一些帮助。同时，也希望为语言教学和语言应用提供理论指导。

基于这样的目的，本书将完成以下任务。

（1）全面系统地描述《意义⇔文本》模式的整体层级构建及动态转换机制。通过实例呈现各层级构建的具体内容，并全面系统地梳理模式的组成部件及各部件间的转换机制和任务。

（2）重点分析语义部件的语义层和深层句法层的构建内容。分析两个层次构建的理论基础，详细阐述两个层次构建所使用的语言学手段——词汇手段和句法手段，并对层级间在词汇和句法上的联系作比较分析，特别是利用现代的语言学理论观点分析语义层体现的语义内容实质、比较分析元语言描写的优势，并利用现代语言学研究成果对比分析 Апресян 与 Мельчук 关于语义层级内容、构建特点及语言学手段等方面的异同。

（3）详细地解读作为深层句法构建和语义⇒深层句法转换的基本理论手段——词汇函数。全面注释和解读《"意义⇔文本"语言学模式理论经验》中的词汇函数；在此基础上，针对原理论中对词汇函数表述的一些模糊的地方进行明确分析和详细注解，并尝试从新的角度对词汇函数进行分类研究，以及尝试对复合词汇函数进行注释和解读。

（4）本书最主要的任务是描写和研究从语义层到深层句法层的转换机制。为此，必须厘清从语义层到深层句法层的整体过程及相关规则，重点解读形成迂喻法转换的词汇规则体系和句法规则体系。

从新的角度对词汇规则进行分类并对每类的特点进行综合性解读。通过新的分析模式深入分析每个词汇规则的使用范围、结构组成、概括性语义、语义题元与句法题元的对应关系；详细解读每个句法规则的内容，明确其使用范围，分析总体特点；通过树形图具体呈现词汇规则与句法规则的配合性，展示规则之间的关联性。同时，对词汇规则和句法规则的转换树形图模式提出一些研究性见解和意见。

（5）书中大部分例证来源于阐述《意义⇔文本》模式理论的相关论著。

三、研究创新点

《意义⇔文本》模式理论是个复杂的理论体系，是机器翻译重要的理论基础。因此，对《意义⇔文本》模式理论的深入研究不仅具有重要的理论价值，而且具有极大的实践意义。该研究具有以下创新意义。

（1）对《意义⇔文本》模式的层级构建和转换机制的具体内容，国内很少有人详细地梳理过，因此，笔者直接具体地解读《意义⇔文本》模式层级构建的具体内容，系统全面地描述《意义⇔文本》模式各部件动态的转换机制和任务。在此基础上，深入分析语义部件层级构建的具体内容，整体描写从语义层到深层句法层的动态转换过程，并根据相关理论确定并建立模式转换的深层联系。

（2）词汇函数的原有分类对于理解词汇函数有一定的缺憾，对词汇函数清单概括性的注释方法也为理解和使用造成了一定的困难，同时没有对复合词汇函数进行系统的归纳和注释。所以针对这些问题，本书对简单词汇函数提出新的分类并总结各类特征，同时从语义的民族约定性、关键词的词类、关键词与词汇相关词的句法关系、下标的意义等一些具体角度详细系统地解读每个简单词汇函数，以明确原本一些模糊的叙述，并分析词汇函数之间的联系；同时系统整理和分析一些常用的复合词汇函数。

（3）利用词汇函数理论的研究成果，以迁喻法转换为实例，对语义到深层句法的转换模式进行动态研究：对迁喻法转换中的词汇规则提出新的分类方法，并对类别特征及类别之间的联系进行分析和总结，同时，从形式化结构的内容、适用条件、概括性语义、语义题元与句法题元的对应等方面解读每个词汇规则，分析词汇规则之间的联系并通过深层句法关系树呈现词汇规则和句法规则的配合性；解释每个深层句法规则的具体变化和特点，分析并总结句法规则与相关词汇规则的配合性及词汇规则之间的关系；对迁喻法转换规则的原有构建中的某些环节提出建设性观点。这种新的分类研究、新的解读方法、新的解读内容和得出的相关结论将对国内相关领域的研究和实践产生促进和帮助作用。

总结以上各个方面的创新性研究内容，本书的新意不仅在于对《意义⇔文本》模式理论进行全面而详细的梳理和解读，而且尝试从新的角度对理论本身进行重新思考和重新阐释，并提出自己的见解和观点。

第一章　整体层级构建和转换机制

第一节　概　　述

《意义⇔文本》模式是模拟人类言语交际中编码和解码过程的功能性模式。因此，整个功能性模式所描写的基本语言单位、基本任务、层级构建和动态转换过程都是与言语交际过程的特点分不开的。

言语的基本单位是语句，因此，《意义⇔文本》模式也以语句为基本单位研究从语言到言语的转换。

以语句为单位进行表达和理解就形成了言语交际过程，即编码和解码的过程。编码就是将给定的信息通过信号串传达出去，解码就是从接收到的信号串中破解出所传达的信息。类似地，在《意义⇔文本》模式中意义就是信息，而文本就是指信号串。《意义⇔文本》模式将具体的言语过程综合起来，要完成的任务就是：一方面，由给定的意义自动获得多个同义的文本，即处理语句的同义现象；另一方面，由给定的文本自动获得正确的意义，排除语句的同形（同音）异义现象。

言语交际过程的实现要有语言规律做保证，也就是说，"言语是人们利用语言成分和语言规则构成的，所以言语之中就含有语言"（刘富华、孙维张，1996：80）。人脑利用语言成分和语言规则的相互作用将语言转化为言语。《意义⇔文本》遵循这个语言学道理，即利用语言学知识获得言语和处理言语，创建一个由语言成分和语言规则组成的机制，以达到对文本的合成与分析。

《意义⇔文本》模式是层级转换的机制，模式的两端是意义和文本。

意义，除了指言语过程中传递的信息以外，在模式框架下，还指很多同义文本中的共同部分。在解释"意义"这个概念时，Мельчук 在《"意义⇔文本"语言学模式理论经验》一书中，先讨论了同义文本（равнозначные тексты）的概念。Мельчук 指出，文本同义性的概念是一种无须证明的直觉的认识。虽然同一个人对某些文本之间的同义性有不确定的时候，不同的人对同一些文本的同义性有不同认识的时候，但是《意义⇔文本》模式只分析那些无争议的同义文本。他约定为了达到《意义⇔文本》的研究目的忽略过于细致的意义差别。在这个前提下，Мельчук 写道："我们称从同义文本中的一个向另一个转换的过程为同义转换（синонимическое преобразование）；这时，从定义的角度，意义就是所有同义转换的不变体（инвариант），也就是，那些同义文本中的共同的部分"（Мельчук，1999：10）。"因此，意义是一个构件（конструкт）——现实的同义语句的共同内容束，借助专门的符号——语义记录（семантическая или смысловая запись）进行描写；这与历史比较语言学中对原始形式的改写完全类似"（Жолковский，Мельчук，1969：7）。这样的意义形成了 Мельчук 所划分出来的语义层。

尽管研究者约定了同义文本是忽略意义细微差别的而且是毫无争议的同义文本。但是仍然没有明确说明同义文本的同义范围。但在理论阐述中，大致可以看出同义文本是指表达同一情景的同义文本（现实的语句），基本指的是词汇和语法意义构成的意义，不包括通过上下文判断的同义性。

文本，除了指言语交际过程中承载信息的信号之外，Мельчук（Мельчук，1999：9）还指出，"……在所说的（《意义⇔文本》，作者注）模式框架下，作为连续声音信号串的不是现实言语，而是一种专门引入的分散的体现形式——一种特殊的构件（конструкт），它才称为文本（索绪尔所说的significant）。这是零件化的语音音标。除此之外，在需要的时候，也可以使用通常的拼写记录（书面文本）。"显然，它不是现实言语，是为了描写言语人为引入的语音描写形式，它形成了语音层级。

在语义层和语音层之间又划分出一些层级。最初，整个语言体系分为语义、句法、词法、音位和语音等层级，句法层和词法层又分为表层和深层。后来，语义层也分出表层和深层，音位层和语音层又可以看作语音层的深层和表层。这样整个语言体系就分为语义、句法、词法、语音四个基本层级，包括八个次层级。信息在不同的层级上通过该层级特有的范畴和记录形式体现出来。

信息在层级间体现形式的对应通过转换实现。转换分为合成文本方向（以下简称"合成方向"）的转换和分析文本方向（以下简称"分析方向"）的转换。在合成方向上，转换的目的是通过给定的意义获得相互同义的文本；在分析方向上，转换的目的是通过给定的文本去除同形（音）异义现象，并得出句子的正确意义。转换通过转换规则和筛选规则共同实现。转换规则构成的体系被形象地称为转换器，筛选规则构成的体系被形象地称为筛选器。相邻层级及层级间和层级内的转换构成了部件。整个功能性模式分为四个部件：语义部件、句法部件、词法部件、音位部件。

无论是层级信息还是各种规则，都要通过语法和词典对它们进行整合性的描写，使它们相互协调、配合，为实现动态过程服务。词典在这个过程中起到了与语法同等重要的作用。

《意义⇔文本》模式的动态运行大致是这样的过程：在分析方向上，输入一个文本，通过语法信息和词典信息的配合，音位部件→词法部件→句法部件→语义部件连续使用各部件中分析方向的转换规则和筛选规则，使语句由语音层的体现形式逐层地转换为语义层的体现形式，最终获得正确的意义。在合成方向上，输入意义，通过语法信息和词典信息的配合，语义部件→句法部件→词法部件→音位部件连续使用各部件中合成方向的转换规则和筛选规则，使语句由语义层的体现形式逐层地转换为语音层的体现形式，最终获得多个同义的文本。

第二节　层级构建

《意义⇔文本》模式是模拟人类合成文本和分析文本过程的功能性模式。该功能性模式由层级构成，划分层级是功能性模式分配语言信息、实行转换的需要。层级是语言学理论下的层级，是为了更好地认识语言、描写语言而划分的层级，具有经验性。下面将呈现层级构建的具体内容。

各层级的描写对象是语句。相对于现实存在的言语，语言层级是微观的、理论的、抽象的。因为，一方面，它并不像生活中看到的"层"那样清晰可见；另一方面，它又类似于生活中的"层"，每一层都占据一定的"位置"，这里的"位置"指的是处于一定的条件中，这些条件是指，每个层级都通过特有的范畴，利用规约性的形式化手段，按照相应的理论和规则展现语句的信息。语句在各个层级条件中体现信息的总和被称为该层级的体现。

一、层级的划分

正因为层级是语言学研究的结果，是经验性的，所以它不是一成不变的。

最初，Мельчук 把《意义⇔文本》模式分为五个层级：语义、句法、词法、音位、语音。其中，句法层和词法层又分别分为深层和表层两个次层级。这样，语言体系就分出了七层：语义、深层句法、表层句法、深层词法、表层词法、音位、语音。

后来，Апресян 把语义层又进一步分层，分出表层和深层两个层次。为了循序渐进地叙述相关内容，在第二章详细描写语义层时，将说明分层的原因、表层语义与深层语义的区别、与原来语义层的关系等。

下面分别呈现的是 Мельчук 划分的各个层级的内容以及笔者对层级构建的分析。

二、各层级的体现

（一）语义层〔семантический уровень〕

"语义层——通过语义体现（семантическое представление）的形式表达连续的言语片段（语句）（不分割成一些小句和词）的内容。这也叫意义记录（запись смысла）。"（Мельчук，1999：32）

语义体现由两个成分组成。

1. 基本成分

语义图示，由节点和弧线（有时是线段）组成。

节点（вершина）原则上被基本意义单位——义子（сема）的代表符号所占据，有时候为了缩减语义图示的规模，节点上也可以放置一组义子（这组义子本身能够形成一个子图示），由一个统一的符号表示。无论是义子符号或一组义子的符号，在节点上要标上单引号，形如'Ｘ'（Мельчук，1999：32）。义子是从自然语言中挑选出来的，是作为工具解释词或句子意义的最简单的词。义子分为谓词（谓词变项）、事物或事物类别名称（事物变项），谓词主要是有一个配位或两个配位的谓词（Мельчук，1999：62－63）。

　　语义图示中的弧线表示谓词义子及其变元（аргумент）（这里的变元就是上段所说的事物变项，也指配位，作者注）之间的关系，弧线的箭头由谓词节点指向事物名词节点。对于有两个及两个以上配位的谓词而言，从谓词节点射出的箭头要根据变元的号码编号（Мельчук，1999：62）。例如，如果谓词是有两个配位的谓词，那么连接事物名称义子的两个弧线要分别用数字"1"和"2"标示出来。

　　这里需要补充说明的是，弧线是连接两个节点的带箭头的有向弧线，有时候如果节点不多，弧线可以改为线段。另外，语义图示整体上没有一个最高点，因此，尽管 Мельчук 称图示中两类义子占据的点为вершина，但是仍然不能翻译成"顶点"，而应译为节点。所以，语义图示没有上下左右之分，不是树，通俗地讲，就是由带箭头的弧线（或线段）连接节点组成的图示（Мельчук，1999：63）。

　　这是"Х сообщает Y-у，что Р"的语义图示，也就是词"сообщать"的语义图示，其中，Х、Y是表示某个事物或人的名称的变体符号，Р表示一个事件。整个图示也可以是左右方向的，即箭头的方向也可以是从左到右或从右到左的，只要箭头两端成分的关系不变就可以。

　　语句的语义体现不仅包括基本成分——语义图示，而且有非基本成分。

2. 非基本成分

"语义体现的非基本成分是关于所分析的意义的交际结构的信息（сведения о коммуникативной организации）"（Мельчук，1999：33）。概括地说，包括以下几个方面（详见 Мельчук，1999：65－66）：

①主位和述位；

②新知和旧知；

③从心理角度区分的重要程度不同的意义组块；

④说话人在情感方面突出表现和不突出表现的内容。

无论是语义体现的基本成分，还是其他成分，都会向表层逐渐转换为相应的词汇形式、句法形式、词法形式和语音形式等。

（二）句法层（**синтаксический уровень**）

句法层在《意义⇔文本》模式中分为两个次层级：深层句法和表层句法。

1. 深层句法（глубинный синтаксис）

语句在深层句法层上以连续的小句（фраза）的深层句法体现（глубинно-синтаксическое представление，ГСП）的形式出现。

1）基本成分：（小句的）深层句法结构

深层句法结构——关系树（дерево зависимостей）。树是由节点和作为枝的箭头组成。

占据节点的只有小句的实词词形，实词通过四类广义词位（обобщённая лексема）表现：正常的词位符号、固定类别的成语位（фразема）的符号、词汇函数（лексические функции）符号和专门的人造词位（фиктивная лексема）符号，这些广义词位旁边可以附上一些不受句法限制的词法特征，比如，俄语中名词的数和动词的时、体、式等。

深层句法结构的枝代表的是节点之间的深层句法关系。深层句法关系由于非常抽象，所以不会因语言而不同，而且种类很少。

以上关于深层句法的内容可详见 Мельчук，1999：33。通过对例证和其他内容的研究，需要补充几点。

（1）广义词位旁边附上的句法特征，是以词法范畴缩写的形式在下标中体现的，这些不受句法限制的词法范畴本身是具有与现实世界对应的意义的。

（2）深层句法关系分别用不同的阿拉伯数字代表，附在枝的旁边。"1""2""3""4"主要表示谓词和它的第一、第二、第三、第四深层句法题元之间的关系。对于谓语动词而言，"1"表示主语，"2""3""4"分别表示依附性由强到弱的第一、第二、第三个补语。阿拉伯数字"5"代表广义的限定关系，限定关系包含定语和主语/补语之间的关系、状语和谓语之间的关系、词与使其产生某种变形的不同的辅助单位之间的关系。

阿拉伯数字"6"表示同等成分关系，或者并列关系，连接的是任何相邻的同类成分。这里的并列关系是有方向性的，也就是说，同等成分之间位置是不可调换的。不论同等成分有几个，表示同等成分关系的数字（即"6"）都标注在第一个同等成分和表示同等关系的谓词（这里指"и"）之间的枝上，其他成分因为属于这个谓词的第二、第三、第四个深层句法题元，因此，相应地标上"2""3""4"等深层句法关系的代表符号。

前四种关系不难理解，这里只举例说明后两种关系：

Вчера сообщил（сообщила, сообщили）и книга, в которой нуждается 的深层句法结构是：

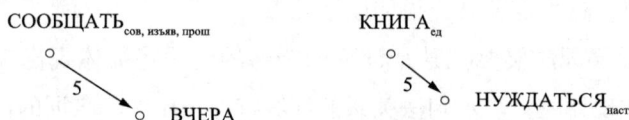

СООБЩАТЬ_{сов, изъяв, прош}　　　　КНИГА_{ед}

$\overset{5}{\searrow}$ ВЧЕРА　　　　$\overset{5}{\searrow}$ НУЖДАТЬСЯ_{наст}

оделся и обулся 的深层句法结构是：

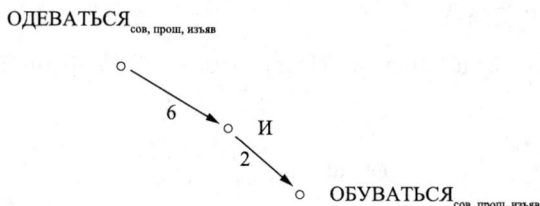

ОДЕВАТЬСЯ_{сов, прош, изъяв}

$\overset{6}{\searrow}$ И

$\overset{2}{\searrow}$ ОБУВАТЬСЯ_{сов, прош, изъяв}

2）关于句子交际结构的信息——关于主位和述位、逻辑重音等的信息。

3）关于小句的超音质特征的信息（首先是语调信息：疑问的、感叹的等，还有关于小句重音的信息等）。

4）关于某些名词性组合的指称意义一致性的信息。

5）关于用从属关系语言无法表达的一些词的搭配信息，即关于从属成分（составляющий）的信息。（Мельчук，1999：33－34）

2. 表层句法（поверхностный синтаксис）

以连续的小句的表层句法体现（поверхностно-синтаксическое представление）的形式表达语句。表层句法体现也由类似的 5 个成分组成。

1）基本成分：表层句法结构（поверхностно-синтаксическая структура，ПСС）

表层句法结构也是关系树，与深层句法关系树相比，表层句法关系树最大程度地接近文本形式的小句。

表层句法结构的节点是小句的所有词形，并且只有这些词形，没有其他成分；节点的旁边仍然有词形的不完整的深层词法体现，即去除了纯粹表示句法关系的词法特征。

表层句法结构的枝代表的是连接小句中相应的词形的典型的表层句法关系。俄语中分离出大约 50 种表层句法关系。表层句法结构用表层句法关系的名称来标注（以上关于表层句法关系的内容详见 Мельчук，1999：34）。

通过研究，这里需要补充说明以下几点。

（1）在深层词法层要把某个词形的全部的词法特征体现出来，但是在表层词法层不体现那些只表示句法关系的词法特征，比如，名词的性。词法特征仍然以缩写、下标的形式附在词形的后面。

（2）表层句法关系有很多，比如：述谓性关系、第一补语关系、第二补语关系、第三补语关系等。

例如，Ваня твёрдо обещал Пете，что... 的表层句法结构是（摘自 Мельчук，1999：306）：

表层句法层的词汇也是挑选出来的，具有一定的代表性和概括性，твёрдый 和 твердо，都用 твёрдый 表示。

形式上，表层句法关系不仅用相应的名称，也用名称的缩写形式表示，直接附在枝的旁边。

表层句法体现中 2）～5）成分与深层句法体现的 2）～5）成分是一样的。

观察发现，表层句法关系树和深层句法关系树的特点很像，只是词形多一些，关系更细化了，这些变化并不能引起其他成分的变化，因此，表层句法体现中除表层句法结构以外的其他成分顺承了深层句法体现中的相应内容。

（三）词法层（**морфологический уровень**）

1. 深层词法（**глубинная морфология**）

小句以深层词法体现（**глубинно-морфологическое представление**）的形式出现。小句的深层词法体现包含两个成分：

1）基本成分：小句所有词形的深层词法体现链条；

2）关于小句的超音质现象的信息（句子的语调、停顿、句重音……）。

在深层词法层上，上一层的句子交际结构信息和句法搭配信息转换为词形的深层词法体现的顺序或者某些超音质特征；某些词的指称意义是否同一的信息基本上通过引入深层词法体现链条中的复指代词来体现。

词形的深层词法体现的符号，是词位的词典形式的大写形式，右下角附词法特征的标识（以上关于深层词法的论述详见 Мельчук，1999：34）。

需要补充说明一下，在深层词法层中，小句中的每个词形的词典形式就是指所有字母都大写的原形形式，下标是词法特征名称的缩写形式，表示该词在该小句中的所有词法特征，在深层词法层中出现的词法范畴包括具有语义含量的词法范畴（名词的数、动词的体、时、态）和纯句法性质的词法范畴（名词的格、形容词的性、数、格，动词的人称、数和性），它们都用缩写形式出现在深层词法层，例如：单数 — ед；前置词格 — предл；未完成体 — несов；过去时 — прош；陈述式—изъяв；阳性— муж 。每个词形这样记录下来后，再按照线性先后顺序排列成一个链条。

举例说明深层词法体现的概貌：

ОНИ$_{им}$ СРАВНИВАТЬ$_{сов,изъяв,прош,невозвр,мн}$ МЯСО$_{ед,вин}$ 3/4 ｜ С РЫБА$_{ед,твор}$ ПО ЦЕНА$_{ед,дат}$ 1/2 Ⅲ（Они сравнили мясо с рыбой по цене）

2. 表层词法（поверхностная морфология）

以小句以表层词法体现（поверхностно-морфологическое представление, ПМП）的形式出现。表层词法体现与深层词法体现有类似的成分。

1）词形的表层词法体现链；

2）关于小句的超音质特征的信息。

词形的表层词法体现是符合词形的词素（морфема）、超词素（супраморф-ема）（=词法上表义的超音质现象族）和与类似词素的表意的词法变化族（аналогичные морфемам семейства значащих морфологических операций）（交替、转换）组成的链条。

表示根词素（основная морфема）的符号是放在花括号中的该词位的词典形式，表示缀词素（аффиксальная морфема）的符号是放在花括号中的缀词素的约定名称，在体现一个词形的词素链中，在词位的词典形式和各词缀代表符号之间用符号"＋"相连。例如：｜ЛЕВ｜ ｜ЕД. ПРЕДЛ｜（льве）（Мельчук，1999：35）。

据观察，原理论阐述得也不够细致，有必要进行补充说明。词缀分为构形词缀和构词词缀，具体的构形词缀用该词缀词素的概括性名称的大写缩写形式体现，并用花括号括上，例如，-ли-这个后缀的概括性名称是"过去时多数"，那么就用｜ПРОШ｜ ＋｜МН｜表示。具体的构词词缀一般直接引用这个词缀，用花括号括上，或者用表示这个词缀的概括性名称的缩写形式（这种形式很少用）。

例如，词形 читает 的表层词法体现是：｜ЧИТАТЬ｜ ＋ ｜А｜ ＋ ｜3 ЕД｜，它的构成就是：词位词典形式＋构词后缀＋词尾。

超词素和表义的词法变化族通过相应名称的大写形式表示，并用尖括号括上。在这个尖括号之前，要加上符号"⊕"，表示符号"⊕"前的词素使用了后面尖括号中表示的词法变化或超音质音位（Мельчук，1999：35）。例如，

еле-еле 在表层词法层表示为：

｜еле｜ ⊕ < Red$_{интенс}$ >（Red 是重叠变化的代表符号，下标表示加强的意思）

超词素，是指通过重音或者声调改变词形或者构成新词的词法现象。超词素经常用于构成复数、改变动词的形式等。例如，英语中 produce — produce. 超词素用"Supraf"代表，下标同样表示超词素引起的变化意义。例如，< Supraf$_{MH}$ >表示能够使最初的词形变成复数形式的有规律的超词素变化现象，也是变化族，包含一些变体，比如，变体之间可以通过不同位置重音的变化获得相应的复数形式。

表意的词法变化族如重叠、元音交替、互换。每一组变化现象，尽管在内部具体规则上不尽相同，但代表某种一致的意义，由同一个符号代表。

另外，需要补充说明的是，通常缀词素的约定名称、超词素现象的名称、表意的词法变化族的名称都用缩写形式。

（四）音位层（**фонологический уровень**）

句子的音位体现是以音位音标的形式体现的。

音位体现就是代表音位和超音质音位的符号连续体。音位连续体通过单斜括号中的符号链表示：／x$_1$ x$_2$……x$_m$／（Мельчук，1999：35）。

Мельчук并没有指出这里哪个是基本成分，哪个是非基本成分。笔者认为，承袭上个层级的信息内容，这里的基本信息符号仍然是对应每个词形的音位符号和超音质音位符号，如重音；而辅助成分是小句的超音质音位，如停顿、语调等。

（五）语音层（**фонетический уровень**）

语音体现就是小句的语音音标，即代表言语声音和超音质现象的符号连续体，超音质现象包括词和句子的重音、声调、语调、停顿等。这样的音标符号链被称为文本。形式上，声音连续体用位于方括号中的符号链表示：[x$_1$ x$_2$…x$_n$]。在可能和合适的情况下，允许用文本的拼写记录代替语音音标，拼写记录都用斜体字表示（Мельчук，1999：35）。

三、层级构建问题思考

通过对《意义⇔文本》模式层级构建内容的理解，笔者对层级构建的某些问题进行了思考，例如：各层级为什么要划分出基本成分和其他成分？层级信息在转换中是如何对应的？辅助信息的形式化表达手段是怎样的？

（一）各层级基本成分和非基本成分的区别和联系

在《意义⇔文本》模式中，为什么要将语义体现分为基本成分和其他成分呢？Мельчук 对此并没有明确的说明。但是从各层级划分出的基本成分和其他成分之间的关系中可以粗略地确定。

首先，层级的基本成分确定了该层级的体现特征及与其他层级的区别，比如，语义层所使用的是意义最简单的词，而不是我们日常使用的词，词与词之间的关系是逻辑关系，词与关系体现的都是意义；而在深层词法层的基本成分体现的是小句中的词的词法特征。非基本成分信息不能体现该层级的典型特点，通常几个层级的某些非基本成分信息有一样的体现形式，比如，在语义层、深层句法层、表层句法层实以切分通过同样的形式体现出来；在词法层的深层和表层、在音位层、语音层关于小句的内部停顿的标志也都是一样的。

其次，从独立性上看，基本成分中的要素基本上是可以独立存在的，比如：词或词形、音位、语音。非基本成分本身不能独立存在，要依附一个实体而存在。而且绝大部分非基本成分信息不是依附基本成分中的一个要素，而要依附基本成分中信息整体，也就是关于基本成分信息整体的某些特性的描述，比如语义层的实义切分，句法层的小句的语调、重音，语音层的句重音、语调、停顿等。

再次，有些非基本成分信息是基本成分中的要素无法一次性体现的、隐藏在相关要素信息之后的信息，如句法层中指称一致性的信息，关于可能有两种解读的、复杂的句法从属关系的信息。

最后，在转换时，层级基本成分和其他成分中的信息，大部分会对应地转换为下一个层级的基本成分和其他成分，但也有不对应的时候。例如，语义体现向深层句法层转换时，语义体现非基本成分中的主位、述位的信息在句法层中仍然作为非基本成分信息，但是，到了深层词法层，这个信息就转换为了基本成分中的词序。

（二）非基本成分的形式化表达手段

关于各个层级的非基本成分的形式化表达手段，Мельчук 并没有单独说明。在例证中可以总结一些形式化表达手段。例如，主位和述位分别用倒 T 和倒 R 表示，主位信息和述位信息之间用弧线划开；指称意义一致的两个节点通过虚线连接起来；关于超音质现象，根据《"意义⇔文本"语言学模式理论经验》第 310 页所举的例子，可以大体得出，重音用通常的重音符号表示；停顿用到了三种符号：单竖线 I、双竖线 II 和三竖线 III，竖线越多，表示停顿的时间越长，单竖线表示文本中句内的停顿，双竖线表示小句间或从句间的停顿，可以用","表示的停顿，而三竖线表示句子结束的停顿，可以用"。"表示的停顿；语调用调型的顺序符号表示，如"3""4"等。

现阶段，《意义⇔文本》模式的研究成果主要集中在各个层级的主要成分及其转换上，而对非基本成分的研究还比较薄弱。

以上这个层级划分的方案不是绝对的，因为层级的构建基于语言学家对语言规律的认识，而认识就会有差异，有发展。Апресян 后来把语义层分为深层和表层就是一个很好的证明。Мельчук 本人也提出了层级划分的不同方案，例如，在表层词法层和音位层中加入新的次层级——词素 - 音位层等。随着理论研究的不断深入，未来可能在现有层级之间再加入一些过渡层。

第三节　组成部件

一、组成部件及整体任务

语句的体现从一个层次到另一个层次的转换形成了部件，《意义⇔文本》模式由四个部件组成：语义部件（семантический компонент）、句法部件（синтаксический компонент）、词法部件（морфологический компонент）和音位部件（фонологический компонент）。语义和深层句法之间的对应形成语义部件，深层句法通过表层句法与深层词法之间的对应形成词法部件，深层词法通过表层词法与音位的对应形成词法部件，音位与语音的对应形成音位部件。下图展示了整个模式中语言信息经过了怎样的转换。

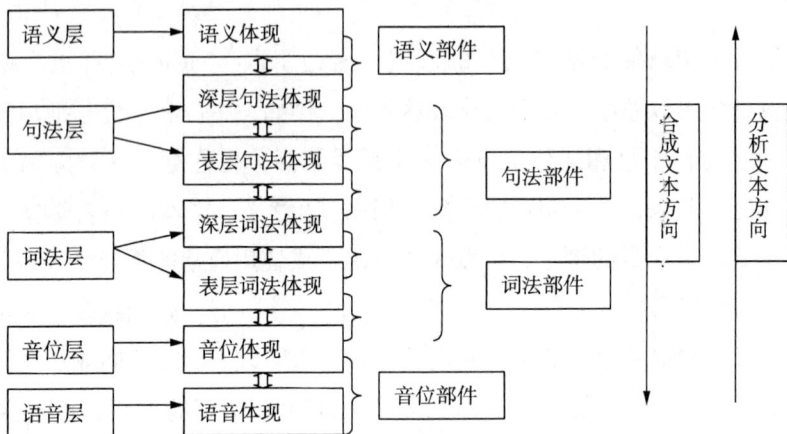

《意义⇔文本》模式层级转换在两个方向上进行，语义体现→语音体现的转换是文本的合成过程，语音体现→语义体现的转换是文本的分析过程。

四个部件的工作任务就是，在文本的合成过程中，把语句的语义体现转换为语音体现，主要任务是由给定的意义获得多个同义的文本，处理的是同义现象；在分析过程中，把语句的语音体现转换为语义体现，主要任务是由给定的文本获得正确的意义，排除同形（同音）异义现象。而在任何一个方向的转换中，各个部件的工作都是相互承接的，合成时，从语义部件开始，前一个部件输出端的内容是后一个部件输入端的内容；分析时，从音位部件开始，同样，前一个部件输出端的内容是后一个部件输入端的内容。这四个部件的工作是连续的。

二、各个部件的主要任务

（一）语义部件

语义部件的两个端口的内容分别是语句的语义体现和深层句法体现。语义部件的任务就是建立语义体现和深层句法体现之间的对应关系。

在合成文本时，输入的是语义体现，输出的是深层句法体现。

在分析文本时，输入端和输出端的内容刚好相反。

（二）句法部件

句法部件的两个端口的内容分别是语句的深层句法体现和深层词法体现。

句法部件两个端口之间又添加了一个过渡端，即表层句法体现的内容。这样，相当于把句法部件分成了两个阶段的转换，即深层句法体现⇔表层句法体现、表层句法体现⇔深层词法体现。笔者称为子部件：句法子部件 A 和句法子部件 B。

1. 句法子部件 A：深层句法体现⇔表层句法体现

该子部件两个端口的内容分别是深层句法体现和表层句法体现。这个阶段的任务是建立深层句法体现和表层句法体现之间的对应关系。

在合成文本时，输入的是深层句法体现，输出的是表层句法体现。

在分析文本时，输入和输出的内容正好相反。

2. 句法子部件 B：表层句法体现⇔深层词法体现

该子部件两个端口的内容分别是表层句法体现和深层词法体现。这个阶段的任务是建立表层句法体现和深层词法体现之间的对应关系。

在合成文本时，输入的是表层句法体现，输出的是深层词法体现。

在分析文本时，输入和输出的内容正好相反。

（三）词法部件

词法部件的两个端口的内容分别是语句的深层句法体现和音位体现。

像句法部件一样，词法部件两个端口之间也有一个过渡端，即表层词法体现的内容。句法部件两端的转换也分成了两个阶段，即深层词法体现⇔表层词法体现、表层词法体现⇔音位体现，相应地，笔者称为词法子部件 A 和词法子部件 B。

1. 词法子部件 A：深层词法体现⇔表层词法体现

该子部件两个端口的内容分别是深层词法体现和表层词法体现。这个阶段的任务是建立深层词法体现和表层词法体现之间的对应关系。在合成文本时，输入的是深层词法体现，输出的是表层词法体现。在分析文本时，输入和输出的内容正好相反。

2. 词法子部件 B：表层词法体现⇔音位体现

该子部件两个端口的内容分别是表层词法体现和音位体现。这个阶段的任务是建立表层词法体现和音位体现之间的对应关系。

在合成文本时，输入的是表层词法体现，输出的是音位体现。

在分析文本时，输入和输出的内容正好相反。

（四）音位部件

音位部件的两个端口的内容分别是语句的音位体现和语音体现。音位部件的任务就是保证建立音位体现和语音体现之间的对应关系。

在合成文本时，输入的是音位体现，输出的是语音体现。

在分析文本时，输入和输出的内容正好相反。

各个部件内部和部件之间的转换通过规则实现，规则分为构建规则（转换规则）和筛选规则，无论是构建规则，还是筛选规则。语法和词典对所有的规则及与规则有关的特征信息进行整合性的描写，分配信息，相互协调，相互配合，以达到信息在层级之间的相互对应。

以上关于部件的内容，可详见 Мельчук，1999：35 - 42。

第四节　小　　结

《意义⇔文本》模式利用语言学知识创建一个层级转换机制，利用语言编码和解码，已求达到与人表达或理解大体相似的结果。划分层级是这个模式分配语言信息、实行转换的需要。转换是层级之间的转换，使各层级的信息对应起来，最终达到意义和文本之间的转换。

《意义⇔文本》模式以语句为基本单位进行层级划分和转换。最初整个模式系统分为五个基本层级——语义、句法、词法、音位和语音。信息在不同的层级上通过该层级特有的语言学手段体现出来，每层都由基本成分和其他成分构成。通过对《意义⇔文本》模式层级构建的研究发现两点。第一，层级基本信息和非基本信息的确定也有一定的规律性，尽管构建者没有明确地说明。首先，层级的基本成分确定了该层级的体现特征及与其他层级的区别。非基本成分不能体现这一点，因为通常几个层级的某些非基本成分信息有一样的体现形式；从独立性上看，基本成分中的要素基本上是可以独立存在的，比如词或词形，基本成分本身不能独立存在，要依附一个实体而存在。而且绝大部分非基本成分信息不是依附基本成分中的一个要素，而要依附基本成分中信息整体，也就是关于基本成分信息整体的某些特性的描述，即小句范围内的一些特性。有些非基本成分信息是基本成分中的要素无法一次性体现的、隐藏在相关要素信息之后的信息，如关于可能有两种解读的复杂的句法从属关系的信息。最后，在转换时，层级基本成分和其他成分中的信息，大部分会对应地转换为下一个层级的基本成分和其他成分，但也有不对应的时候。第二，关于辅助成分的一些形式化表达手段，虽然 Мельчук 并没有单独说明，但是从例证中可以总结出一些原则和方法。

转换是层级内容之间的转换，是有方向性的，语义⇒语音的转换被称为合成文本方向的转换；语音⇒语义的转换被称为分析文本方向的转换。合成文本方向转换的目的是通过给定的意义获得相互同义的文本；分析文本方向转换的目的是通过给定的文本，去除同形（音）异义现象，得出句子的正确意义。相邻层级和层级之间的转换形成模式的一个部件，共四个部件：语义部件、句法部件、词法部件、音位部件，除了语义层和语音层，每个层级都属于两个部件。各个部件的任务是建立每个语句在本部件内层级体现内容的对应性。

第二章　语义部件的层级构建

语义部件是《意义⇔文本》模式中最重要的部件。它是模式在合成文本方向转换的开端部件，也是在分析文本方向转换的结尾部件。对这部分的研究是对模式其他部件研究的基础。语义部件由语义层和深层句法层及其转换构成。

第一节　语义体现

语义部件的一端是语义体现，语句在语义层体现信息的总和称为语义体现。

一、语义体现的意义类型

前文已经讲过，语义层——通过语义体现的形式表达连续的言语片段（语句）（不分割成一些小句和词）的内容。语义体现由基本成分——语义图示和其他成分（主位和述位；新知和旧知；从心理角度区分的重要程度不同的意义组块；说话人在情感方面突出表现和不突出表现的内容）。

那么，从现代语义学的角度看，语义体现中有哪些意义类型呢？

Мельчук 关于语义体现的内容进行了相关的论述。"义子库的基础应该由传达'语义'信息（莫里斯的概念），即关于现实的信息的义子组成"（Мельчук，1999：59）。接下来，Мельчук 指出，自然语言文本还有大量的其他类别的信息：语用信息（莫里斯的术语），即关于说话人的不同信息。一方面，指关于说话人的物理状态和心情的信息，另一方面，指说话人对自己的话、对现实、对受话人的态度的信息。"在语义体现中也体现所有语用信息，并且原则上这种表达也是可能的"（Мельчук，1999：60）。Мельчук 举例说明，比如，情态框架（我想让您知道……；我认为……等）、礼貌性（通过疑问句、假定式等）/不礼貌性、通过超韵律现象（比如，疑问、感叹等语调）体现的信息都是要在语义层中体现的。

随着句子语义学的发展，学者们不断剖析语句意义的组成，尽管不同学者从各自的角度对语句意义有不同的划分方法，但整体上对语句意义的组成有了比较清晰的认识。华劭先生曾在《关于语句意思的组成模块》一文中提出了语句意义（意思）的五大组成模块：①语句中的命题内容；②实义切分所产生的意义；③语句中的情态意义；④语句中的指称意义；⑤语句中可能蕴含的潜在意义。

根据语义体现的成分组成和后来 Мельчук 的表述可以判断，《意义⇔文本》模式中，语义体现包含华邵先生文章中所说的命题意义（即 Мельчук 所说的关于现实的信息）、实义切分的意义、语句中的情态意义，虽然 Мельчук 没有明确说明是否包含指称意义，但是从给出的例证中可以确定，语义体现中包含指称意义。语义体现中只是没有语句可能蕴含的潜在意义。这些意义逐层地向其他各层转换，每层的意义实质是不变的。

二、构建语义体现的语言学手段

构建语义体现的语言学手段主要是指构建语义图示的语言学手段。

前文讲过，语义图示由节点和弧线组成。节点是义子或一组义子的代表符号。弧线连接的是谓词符号与事物（事物类别）符号。①意义的《原子》构建；②意义原子高度的结构性；③对不同逻辑类型的意义原子的使用是《意义⇔文本》模式语义体现构建的原则（Мельчук，1999：62）。实际指出了意义构建的词汇方面和词汇关系方面的内容，这里的词汇关系主要指句法手段。

（一）词汇手段

词汇手段，就是指占据节点的义子或一组义子。

1. 义　子

1）义子的定义

"这样的意义原子（смысловой атом），即想'и''не''существовать'

'равняться'等一些基本的意义，我们称为义子（сема）"（Мельчук，1999：57）。Мельчук 指出这些意义原子，是基本的意义成分，至少也是比被描述的词意义更简单的一些词，是用来描述其他意义的。义子组成了语义体现的基本字母表。

2）义子的类别

《意义⇔文本》模式语义体现中，义子按照命题中成分的逻辑性质进行分类。这里补充一下原子命题的内容。

原子命题可以分为个体词和谓词两类成分。

个体词是表示个体的符号。表示某个论域中一个特定个体的符号称为个体常项或个体常元，个体常项也就是它所表示或指称的那个个体的名称；不表示某一确定论域中特定个体的个体词，称为个体变项或个体变元，用符号 x、y、z 表示。

谓词是表示个体的性质和个体之间关系的符号。个体的性质也称一元关系，表示个体的性质即一元关系的称为一元谓词。两个个体之间的关系称为二元关系，n 个个体之间的关系称为 n 元关系。表示二元关系的称为二元谓词，表示 n 元关系的称为 n 元谓词。例如，"大于"是二元谓词，"在……之间"是三元谓词。表示某一论域中的特定性质或关系的称为谓词常项或谓词常元，"是素数"是谓词常项；不表示某一确定论域中的特定性质或关系的称为谓词变项或谓词变元，谓词变项用符号 F、G、H 表示。

除了个体词和谓词，组成命题的成分还有量词。量词是命题中表示数量的词，它分为全称量词（∀）、存在量词（∃）。另外，命题中还有合取（A&B）、蕴含（A→B）等表示逻辑关系的联结词。

Мельчук 将命题的基本概念和思想引入语义图示的构建中。根据义子的逻辑性质，义子分为量词（∃）、联结词（否定、合取）、谓词（表示关系或性质）、客体（或客体类别）的名称。为了操作的方便，把命题的联结词和量词作为谓词解释。这样，义子就包括事物或事物类别名称（事物变项）和谓词（谓词变项），这就相当于逻辑中的个体词（个体词分为个体常项/常元和个体变项/变元）和谓词（谓词分为谓词常项/常元和谓词变项/变元）。谓词只有一个配位和两个配位的谓词，也就是一元谓词和二元谓词。Мельчук 指出，为了形式操作的简单，多配位的谓词可以通过两个配位的谓词叠加而成。偶尔会出现三个配位的谓词，如'между'等。

3）义子的获取

Мельчук 指出，"义子或意义原子本质上是不可观察的，是假设的实体"（Мельчук，1999：57）。Мельчук 认为，它是语言学家为了描写语义从自然语言中析出的词汇手段。义子的获得建立在同义的迁喻法转换的基础上。研究者尽可能多地收集他认为的同义语句，分析它们的同义性和差别，然后析出义子，以达到最简单、最自然和最显性地表达这些同义性和差别的目的。Мельчук 的意思是，析出义子的过程和结果是具有一定经验性的，这个过程显然是要依靠研究者丰富的语言储备和渊博的语言学知识。但是，不同语言学家的研究对象和研究深度不同，正如 Мельчук（Мельчук，1999：58）所言，第一，用义子描写的词汇范围不同，即对象不同，有的用义子描写抽象词汇，有的描写具体词汇，有的兼而有之；第二，对意义拆分的深度不同，拆分得越深，义子数量越少；拆分得越浅，义子数量越多，因此，最后获得的义子的数量和概括程度可能还是不尽一致。但是，随着语言学理论研究的不断深化，未来很有可能获得一套统一的义子，毕竟在不同语言中也有很多共性存在，包括基础的词汇。

从这里可以看出，Мельчук 认为适用于《意义⇔文本》模式的义子库也不是最终的适用于所有语言或者至少很多语言的义子。这也印证了下文提到的内容，即 Апресян 认为《意义⇔文本》模式中所说的语义层是表层语义层，还有一个更深层的普遍适用于各种语言描写的语义层。

4）引入义子的合理性

义子是语言学家通过某种方法从自然语言中挑选出来的，具有某种不确定性。Мельчук 指出，"我们不能专门论证引入这些意义原子的合理性；但是，我们认为，它们对于描写语言的语义而言明显是必须性的"（Мельчук，1999：57）。不过，从对比义子与义素也足见义子作为语义描写手段的优势。

将义子与义素分析中的义素进行比较分析后发现：①义素分析法中的义素，只是集合在一起的词的一些特征，没有内部结构。而义子是由谓词和事物（或事物类别）名称组成，事物名词是谓词的从属成分，有内部结构。②义素是通过对比同一语义场内的词的意义而获得的，而析出义子是以语句的迁喻法转换为基础。③通过义素的罗列只能区别某类词意义之间的不同，而通过义子不仅能够区别某类词意义之间的不同，还能描写和区别语句的意义。因此，与义素相比，义子是横向、纵向地描写和比较词义、句子语义的更连贯和有效的手段。

2. 过渡性语义单位

1）过渡性语义单位的定义和特点

在语义图示的词汇中，除了义子，还有过渡性语义单位（промежудочная семантическая единица）。关于过渡性语义单位，Мельчук 并没有给出一个明确的定义。根据相关表述可以这样理解：它是由义子组成的比义子的语义规模更大的释义单位。它是由义子组成的一个小规模的语义图示，这个语义图示在将来的文本中对应的不是小句，而是词位或成语位，也就是由义子意义结合组成的比义子意义复杂的词。

过渡性语义单位，可以全部是由义子组成的，也可以是由义子或其他过渡性语义单位组成，也就是说，过渡性语义单位的语义规模是有层次性和阶段性的。如果这样区分，实际上所有词可分成意义简单程度或语义规模不等的很多层。意义复杂、语义规模大的词汇单位总是由意义简单的词组成。

2）过渡性语义单位出现的原因

简言之，过渡性语义单位的出现是适应实践需要简化形式化描写的结果，是在追求最大程度的显性体现意义（完全用义子）过程中的一个妥协的结果。Мельчук 指出，对于一个语句而言，如果最大程度的显性描写其中的每个意义单位，那么这个语义图示会相当庞杂，可能需要几页纸，操作起来很困难，所以就出现了简化语义图示的要求。结果就是把语句中的某个意义单位不直接拆分到最简单的义子，而是拆分到比其本身意义简单但比相应义子的意义复杂的过渡性语义单位（Мельчук，1999：64）。

3）过渡性语义单位的获得

怎样获得过渡性语义单位，这个过渡性层级的数量有什么标准，现在还没有明确的答案。但是，Апресян 间接提出获得不同语义规模的过渡性词汇语义单位的方法，那就是由最大规模的直接语义成分建立词的注释，如 сжигать = 'уничтожать жгя［жжением］'；уничтожать = 'каузировать перестать существовать'，перестать = 'начать не'；жечь = 'каузировать гореть'，гореть ≈ 'веделяя огонь, изменяться под воздействием огня'，изменяться =

'становиться иным', становиться = 'начинать быть'（Мельчук，1999：64）。

这个方法就是由词汇语义单位到义子之间按照语义规模将词汇分层，看上去很清晰，但是笔者认为，实施的过程仍然有一些需要解决的原则性问题，例如：

第一，从简单词汇语义单位到复杂词汇语义单位之间要建立多少层，也就是说，每一层将由多大规模的义子综合成为一个过渡性语义单位，还不确定。

第二，应该总是语义复杂的单位由语义简单的单位来解释，而不能出现相互解释的现象，那么需要确定哪些是相对复杂的，哪些是相对简单的。

在一个自然语言范围内将所有词汇语义单位分层的问题恐怕不是一个人或几个人能做到的，而且需要不断修改和不断确定。如果能够成功，所有词汇语义单位将会形成一个横向比较、纵向分层的系统性极强的自然语言语义词典。

4）过渡性语义单位的功能

对于一个语句而言，由于有过渡性语义单位的存在，就会获得显性程度不同和注释深度不同的语义体现。这些语义体现之间可以相互转换，或者是将某个语义单位展开为更基本的语义单位，或者将复杂的语义表述压缩成一个相对简单的过渡性语义单位（Мельчук，1999：64）。Мельчук（Мельчук，1999：67）举过一些过渡性语义单位（左边的）的例子：

'раньше' = 'предшествовать во время'

'впереди' = 'предшествовать в пространстве'

'А раньше В' = 'время А предшествовать время В' = 'время t_2 В больше времени t_1 А'

'победить' = 'иметь окончательный успех в борьбе'

'А победил В в С' = 'А имеет окончательный успех, борясь против В в С'

'бороться' ≈ 'пытаться устранить в качестве препятствия'

'устранить' ≈ 'каузировать не функционировать'

'препятствие' = 'то, что мешает'

'мешать' ≈ 'не позволять'［не давать］

'каузировать' ≈ 'делать так, чтобы'

（二）句法手段

义子分为谓词与事物（或事物类别）名词，关系箭头由谓词指向事物名词。一元谓词与一个事物名词相连，二元谓词与两个事物名词相连，并分别用数字符号"1""2"标出。谓词与事物名词的关系也就是后来 Tesnière 句法理论中的谓词－题元关系❶。

Мельчук 提出（Мельчук，1999：73），要保证语义体现形式的正确性，在结构形式上要有一些要求：第一，语义图示是连贯的；第二，从一个谓词节点分出不多于这个词的配位数量的箭头，而从非谓词节点一般一个箭头也不分出来；第三，从一个节点分出的不同箭头都有标号，而且一定是不同的；第四，意义的交际结构符号不进入语义图示中。

上述提到的词汇和句法是构建语义图示的基本手段。在语义体现中，还有表示交际结构的符号，这在上文中已经阐述过。

三、关于语义层分层问题

Апресян 将语义层也分为两个次层级——表层语义层和深层语义层。相应地，语义体现分为表层语义体现和深层语义体现。表层语义层和深层语义层的区别在于其词汇和句法方面。

在词汇方面，Апресян 指出，深层语义词汇是基本的通用语义语言，是"物体的名称和最简单的、主要是一个配位和二个配位的谓词的名称"（Апресян，1995a：22），这里所说的一价和二价谓词也就是一元谓词和二元谓词。他把这些词称为语义构件（семантический конструкт）。而表层语义层的语言是熟语化程度最小，足够简单的词汇，但未必是基础的词汇，这些词的挑选原则是使表层语义语言中每个词没有同义词，并且每个词只用一个意义。而且，除了一个配位和二个配位的谓词外，还有更多配位的谓词。

在句法方面，深层语义层和表层语义层都是通过谓词和事物名词的主从关系组织词汇。在深层语义层和表层语义层中的谓词，其配位数量是不一样的，在深层语义层，谓词主要是有两个配位的谓词，而在表层语义层中，谓词最多

---

❶ 下一节会详细说明题元及谓词－题元关系。

有 5~6 个配位关系。

现将 Мельчук 所言的语义层与 Апресян 所言的语义层的深层、表层进行比较：

在词汇方面，Мельчук 所说的语义层中的词汇有事物（事物类别）名称和谓词（一位和二位）两类义子。前文也讲过，Мельчук 认为，《意义⇔文本》模式中使用的义子仍然不是适用于所有语言或至少很多语言的，因为这样的一套义子很可能在将来获得。而且 Мельчук 指出，为了简化形式，在语义图示中允许有代表一组义子的过渡性语义单位，过渡性语义单位是由义子组成的一个小规模的语义图示，这个语义图示在将来的文本中对应的不是小句，而是词位或成语位。所以，这样的义子和过渡性语义单位一定有一些民族特点，不适用于所有语言，也就相当于 Апресян 所言的表层语义词汇。

在句法方面，Мельчук 所言的义子之间的关系和 Апресян 所言的深层语义层中语义构件词之间的关系是一致的，都是谓词与变元之间的关系。Мельчук 指出义子中的谓词主要是有一个或两个配位的，但是并没有指出作为过渡性语义单位的谓词的配位数量。因为过渡性语义单位比义子复杂，语义内容的规模比义子大，很可能出现几个配位的过渡性谓词。所以，Мельчук 所言的语义图示中的谓词与事物名称的关系与 Апресян 所言的表层语义层中构件词之间的关系就很相似了。

强调一下，这里比较的并不是具体的词汇手段和句法关系类型，即不是 Мельчук 和 Апресян 具体使用的词汇和句法关系类型，只是层级概念上的比较。

通过比较可知，最初的《意义⇔文本》的语义层就是表层语义层。正如 Апресян 所言，"在现代语义理论学家中，可能除了 А. Вежбицкая（Wierzbicka，1970）之外，没有人研究如此深层的语义结构。大多数研究者使用的是比较表层的语义语言（譬如，Fillmore，1969；Мельчук，1974а.；Падучева，1974）……"（Апресян，1995а：16）。所以，Мельчук 所言的从语义层到深层句法层的转换就是指从表层语义层到深层句法层的转换。

第二节 深层句法体现

语义部件的另一端是深层句法体现，语句在深层句法层体现语言信息的总和被称为深层句法体现。

一、构建深层句法体现的理论基础

深层句法体现的基本成分是深层句法结构——深层句法关系树。深层句法结构的构建可以借助 Tesnière 的题元理论进行理论解释[❶]，但是在术语的使用上有些改动。命题是构建语句的主要内容，题元是命题的元素。命题是以情景为描述对象的，题元也是情景的要素。

1. 情景（ситуация）

语句描述的是情景，多个语句同义性的基础是情景的同一性。情景的概念在《意义⇔文本》模式的句子语义理论中占有重要地位。"情景在这里不仅被理解为在语言外原则的基础上划分的物质现实的一个片段，而且还理解为所分析的语言中谈到的词汇单位'剪下'的一块现实的概念"（Мельчук，Холодович，1970：112）。

情景可以由不同的关键词代表：动词、前置词（до — предшествовать，из-за — причина）、连词（если — условие）、形容词、名词（пожар，любовь，наступление，честность）、词组（принимать решение）和整个句子（идёт дождь）。名词经常是抽象名词，如果是事物名词，本身基本不表示情景，如果要表示情景，经常是和其他一些词形成词组或者复合词，例如 кровообращение、кровотечение、анализ крови、переливание крови 等。同一个情景可以用不同的关键词表示，例如，读书的情景可以用 читать、чтение、читатель 来表示；买卖的情景可以通过 покупать、продавать 来表示；教学的情景可以用 преподавать、обучать 来表示（Мельчук，Холодович，1970；Мельчук，1999：58）。

---

❶　Мельчук 虽然没有明确指出，深层句法层的构建就是借助 Tesnière 的题元理论，但是在使用与此相关的术语时，指出使用的是 Tesnière 的术语，只是名称上有所改变。见 Мельчук，1999：85。

在深层句法层的构建中，代表情景的不同词类的词都可以作为对应某种情景并有支配成分的谓词。"谓词主要表示情景，如行为、状态、关系、属性、方位等"（张家骅 2009：114）。但"许多指称具体事物的名称，因与特定情景紧密相关，也支配相应的结构位，如人造事物名称（'火车（北京，莫斯科）'）、关系名称（'母亲（张三；李四）'）、事物部件名称（把手（门））等"（张家骅 2009：114）。这种与情景密切相关的具体事物名词在深层句法层中也作为谓词处理。

2. 语义题元（семантический актант）

"由自然语言单独的词汇单位表示的情景一般有 1 到 4 个意义成分，或者叫语义题元……语义题元，即该情景的题元"（Мельчук，1999：85–86）。"情景的题元由情景的语义分析决定，或者具体地说，由相应词语的词典学注释决定"（Мельчук，1999：134）。在情景关键词的词典学注释中有几个以变项形式出现的情景的充分必要参与者或语义成分，就有几个语义题元。也就是说，情景的充分必要语义成分就是情景或作为情景名称的谓词的语义题元。例如，"惩罚"的情景可以这样解释："人 B 已经做了错事 C；另一个人 A 使 B 遭受某些坏事 D，目的是强迫 B（或者类似他的人）改好或今后不做 C 类的错事"（Мельчук，1999：134）。这里的 A、B、C、D 是情景"惩罚"的充分必要成分，或者语义题元。也是表示情景的关键词"наказывать""наказание"的语义题元。"为了通用性我们将把语义题元称为主体（S）、第一客体（O$_1$）、第二客体（O$_2$）、第三客体（O$_3$）。显然，这些名称是约定的：在这样或那样的具体情况下可能应该说成施事、工具、地点等"（Мельчук，Холодович，1970：112）。

与语义题元有共同所指的是语义配价的概念。莫斯科语义学派提出的语义配价的概念直接来自于词汇意义。配价的内容，或者说是"角色"（主体、客体、工具、手段、地点等）是词汇意义的一个部分。谓词语义单位以情景为描写对象，情景必须参与者在相应谓词语义单位的元语言释义中与语义变项（抽象语义参数）对应（郑秋秀，2010：25）。

从以上两段的叙述中，可以看出，语义题元和语义配价所指是相同的。因而很多研究者有时也将它们混用。Апресян 在 2006 年的一篇文章《语义题元与句法题元的对应关系》中提到的语义题元和 1995 年《语言的整合性描写和体系性词典学》一书中所言的语义配价就有相同的所指。包括 Мельчук 本人也会混用这两个术语。这是有原因的，因为谓词是表示情景的谓词，谓词注释中的语义变项（或语义成分、或抽象语义参数）既是语义配价，也是谓词所表示情景中的语义题元，即谓词的语义题元。笔者认为，它们的区别在于看问题的角度。语义配价是从满足词义自足性的角度考察词义的必要成分，而语义题元从表示情景的命题的角度出发考察在相应谓词参与表达下题元所占的语义位。

在《俄罗斯当代语义学》中根据抽象程度把语义题元分为三个层次：概括题元、角色题元与变元。最抽象的是概括题元，是非语义类型化句子中的语义项。语义角色或角色题元是概括题元在不同语义类型化句子中的具体化。而变元是指满足了述体语义特征对角色的语义规定性的个体体词，即体现语义角色的实体（张家骅，等，2005：189）。概括题元相当于"语法态的理论（定义、演算）"（*К теории грамматического залога（определение，исчисление）*）中所言的主体、第一客体、第二客体，角色题元即是上文所言的施事、受事、地点等，笔者也称变元为具体语义题元或情景的具体参与者，或者参与者的代表符号。举例说明这三个概念的所指，在"Маша любит Ивана"这个句子中，"Маша"是具体的语义题元，语义角色是施事，概括语义题元是主体。不特殊强调的情况下，下文中的语义题元指的是概括性语义题元。

3. 句法题元（синтаксический актант）

每个表示情景的词位除了与情景题元对应，还与句法题元对应。句法题元是作为情景名称的词位的从属成分，是体现情景的语义题元或与语义题元相关的语义成分的、与情景词位组合的、在句法中承担一定角色的句法要素。

由于句法层又分为深层句法和表层句法，因此，句法题元又分为深层句法题元（глубинно-синтаксический актант）和表层句法题元（поверхностно-синтаксический актант）。由于深层句法层和表层句法层的词汇和句法关系都大不相同，因此，同一个语句中同一个谓词的深层句法题元和表层句法题元不是完全一致。笔者以 Мельчук 在《"意义⇔文本"语言学模式理论经验》的第303～307页所构建的深层句法结构和表层句法结构树形图为例进行说明。语句 Ваня дал Пете обещание вечером обязательно принять Машу самым тёплым образом 中加黑部分的深层句法结构和表层句法结构分别为：

ПРИНИМАТЬ_{сов, изъяв, буд}

5

ОБЯЗАТЕЛЬНЫЙ ○

5 ВЕЧЕРОМ

1

2

5

ВАНЯ_{ед} ○

○

Magn

МАША_{ед} ○

ПРИНИМАТЬ_{сов, изъяв, буд}

ВЕЧЕРОМ ○

○ ОБРАЗ

○ ТЕПЛЫЙ

ОБЯЗАТЕЛЬНЫЙ ○

○ МАША_{ед}

○ САМЫЙ

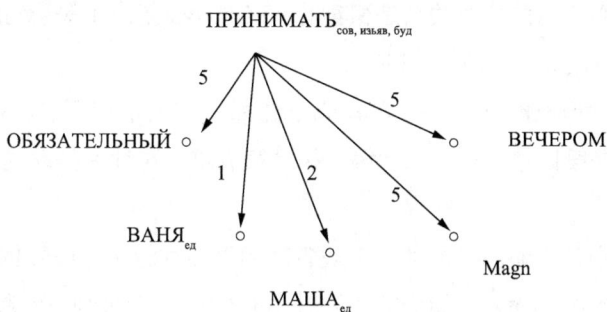

表层句法关系的名称是附注在线的旁边的。但是，为了简化形式，我们这里没有在图示中标注，用文字说明一下：

ПРИНИМАТЬ→ВЕЧЕРОМ：обстоятельственное；

ПРИНИМАТЬ→ОБЯЗАТЕЛЬНЫЙ：определительное；

ПРИНИМАТЬ→МАША：1 – е комплетивное；

ПРИНИМАТЬ→ОБРАЗ：обстоятельственное；

ОБРАЗ→ТЕПЛЫЙ：определительное；

ТЕПЛЫЙ→САМЫЙ：служебное.

对比显示，两个树形图对应的都是文本中同样的一部分内容，但是谓词"принимать"的深层句法题元和表层句法题元是不同的。第一，词汇面貌是不同的，名词"Ваня"在表层结构中被省略掉了。即使句法题元"Маша"是以相同的词汇面貌出现的，但是在深层结构和表层结构中与谓词的关系也不同。在本文中只涉及深层句法题元，为了叙述方便，在下文中简称句法题元。

深层句法题元在深层句法结构中用数字"1""2""3""4"代表，也代表了谓词与第几个句法题元的关系。这几个数字并不是分别代表固定的句法角色和句法位置，它们之间的位置关系是相对的。Мельчук 指出了深层句法题元的编号的三个标准（Мельчук，1999：136）。

①在文本中形成的方式——在其他条件都一致的情况下，第一格的编号是最小的，然后是第四格、第二格、第三格、第五格；再往后是动词不定式和前置词词组。

②在文本中被省略的可能性——被省略的可能性越小，编号越小。

③相对于支配词而言，相应的表层补语自然的线性排列——越接近支配词，编号越小。

无论是动词谓词，还是把能连接一些配位的名词当作谓词。其相应的深层句法题元都按照上述原则排序。对于谓语动词而言，"1""2""3""4"分别指的就是未来的主语和第一补语、第二补语、第三补语等。

4. 语义题元与深层句法题元的对应

对于代表情景的一个词或一组词而言，其语义题元和深层句法题元之间都有对应性。我们从两个角度讨论语义题元和深层句法题元的对应关系。

对于代表情景的一个词而言，相应的语义题元不一定总是能表现为句法题元，有时候作为该词句法题元的又不都是该词的语义题元。例如，动词"колотить"的注释是："A 使 B［可能是自己身体的一部分］以某种方式同 C 发生接触，可能，目的是对 C 有影响"（Мельчук，1999：136）。按照这样的解释，"колотить"的语义题元是活动者、工具和客体。在语句"Иван колотил Пётра"中工具就没有出现。而在语句"Иван колотил Пётра кулаками по спине"中，"спина"在语义上是动词"колотить"的受事客体，但是作为谓语动词"колотить"补语的却是"Пётр"，而"Пётр"是"спина"的主人，在语义上与"спина"有直接的关系，也就是说"колотить"的深层句法题元表达的不是本身的语义题元。

对于代表一个情景的多个词而言，语义题元和深层句法题元的对应更复杂。除了双方数量上的不对称性外，主要表现为，同一情景的同一些语义题元在由不同关键词参与构建的语句中对应不同的深层句法题元。同一情景的关键词可以是同一动词的不同态（строить，строиться），也可以是同义词（преподавать，обучать），题元转换词（продавать，покупать），或具有同一意义的不同词类的词（решать，решение）。例如：

Они строят дом. — Дом строится ими.

Этот профессор преподаёт нам русский язык. — Этот профессор обучает нас русскому языку.

Иван помагает ему. — Иван оказывает ему помощь.

利用这些不同的词可以构建表达同一情景的不同语句。这些词之间具有规律性的意义关系或句法关系，这种关系通过专门的符号——词汇函数代表。当利用词汇函数使表达情景的一个词转换为另一个词的时候，就达到了同义语句在深层句法结构的转换。同时，情景的语义题元与使用不同关键词下的句法题元的对应关系也发生了变化。

在表达同一个情景的不同词（除了互为题元转换词❶的情况）中有一类词是情景的典型代表，那就是表示情景的积极人称全义动词。什么是全义动词呢？如：Иван Петрович *ревизовал* отчётность банка；Он *обработал* рукописи；Иван *радуется*. 在《意义⇔文本》模式理论中，有时称这些动词为完全实义词位（полноценная знаменательная лексема）或全义词位（полнозначная лексема），有时也称为独立的词位（самостоятельная лексема）。但没有明确提出这个概念。本文称这类词为全义动词，全义动词不仅能够完全承担动词的句法功能，而且能够完整地表达情景的动作意义，在句子中"统领"各个情景参与者名词。情景也可以通过名词来表达，在形成句子时，这些代表情景的名词与其他动词组合起来，如：Иван Петрович *произвёл*（сделал）*ревизию* отчётности банка；Он *подверг* рукописи *обработке*；*Радость охватывает* Ивана. 在这些句子中，体现具体情景意义的名词我们称之为情景名词，而这里的动词主要承担动词的句法功能，不表示具体的情景意义，只表示概括性的动作意义，其意义已经半虚化了，笔者称之为半虚义动词。因为这样的动词与情景名词组合起来将全义动词的整体意义拆分了，所以笔者把这种组合称为拆分型结构，把这种组合中的半虚义动词也称为拆分型动词。例如，"влиять"是全义动词，而"оказать влияние"中的"оказать"是半虚义动词，或拆分型动词。《意义⇔文本》模式理论中还经常提到一种动词，除了"全义"这个特点外，主要的特点还体现在：在使用这个动词的语句中，主体对应第一深层

---

❶ 题元转换词的语义题元和句法题元之间的对应关系还更复杂，详见下文。

句法题元，即主语，客体对应第二深层句法题元，即直接补语（或第一补语），这种动词并没有被明确定义，笔者称之为积极人称全义动词。例如，在 строить、строение、строитель、строиться 中 строить 是积极全义人称动词，是情景的典型代表。

虽然 Мельчук 提出了语义题元和句法题元的差别，但是，在叙述中也会出现不区分这两个概念的情况，例如，在解释词汇函数意义时经常出现这样的说法："情景的第几个题元"。实际上，语义题元本身是没有顺序的，只有句法题元才编号，所以，"第几个题元"，指的是第几个句法题元。但是，由于代表情景的关键词不同，对于不同的关键词可能第一个或第二个句法题元是不一致的，而这里说的第几个题元应该是固定所指。笔者依据大量的例证认为，这里的"情景"是指用积极全义人称动词表示的情景。那么，"情景的第几个题元"是指表示情景的积极人称全义动词的第一个、第二个句法题元等，也就是情景的主体和客体语义题元等。在对词汇函数的解读中，还会进一步解释这个问题。

二、构建深层句法体现的语言学手段

深层句法层是一个过渡层级。首先，它不是纯语义的。一方面，在深层句法层出现的都是有语义内容的单位；另一方面，这些单位又能显现出未来语句粗略的句法结构，比如，哪个是主语，哪个是谓语，各成分的大致结构关系等。其次，它又有一定深度。比语义层更接近文本，但是在词汇和句法方面没有表层句法层那么具体，具有一定的概括性。最后，深层句法层的词汇和句法都具有跨语言的普遍性。总之，深层句法层是非纯语义的，具有一定深度、概括性和普遍性的过渡层级。这些特点体现在其基本成分——深层句法结构的词汇和句法上。

（一）词汇手段

深层句法层的词汇成分主要在深层句法结构中体现。在概述模式构建中，笔者已经列举了深层句法层词汇的类别，下面将具体描述这些词汇的面貌。

向深层看，深层句法结构的大部分节点对应的是表层语义图示中的一段子图示，少部分节点对应语义图示中的节点。

向表层看，深层句法结构词汇与表层句法结构词汇的对应有些复杂。下面将逐一分析深层句法词汇的各类与表层句法结构成分的对应关系。

1. 现实的词位

1）深层句法结构的一部分词位对应表层句法结构的词位。如читать、спать。

2）有些深层句法结构的现实词位到表层转化为了表层句法关系，如果再向表层转换就是形态特征或者词序。例如，парк Ихэюань、город-сад、страниц 20 这些词或词组在深层句法层和表层句法层表现为：

$$\text{ПАРК}_{\text{ед}} \xrightarrow{5} \text{ИМЯ} \xrightarrow{2} \text{ИХЭЮАНЬ}_{\text{ед}} \Rightarrow \text{ПАРК}_{\text{ед}} \xrightarrow{\text{1-е аппозитивное}} \text{ИХЭЮАНЬ}_{\text{ед}} \Rightarrow \text{парк}$$
Ихэюань；

$$\text{ГОРОД}_{\text{ед}} \xrightarrow{5} \text{БЫТЬ} \xrightarrow{2} \text{САД}_{\text{ед}} \Rightarrow \text{ГОРОД}_{\text{ед}} \xrightarrow{\text{1-е аппозитивное}} \text{САД}_{\text{ед}} \Rightarrow \text{город-сад}；$$
（Мельчук，1999：142）

$$\text{СТРАНИЦА}_{\text{мн}} \xrightarrow{5} 20 \xrightarrow{5} \text{ПРИБЛИЗИТЕЛЬНО} \Rightarrow 20 \xleftarrow{\text{аппроксимативное}} \text{СТРАНИЦА}_{\text{мн}}$$
$\Rightarrow$ страниц 20.　（Мельчук，1999：142）

3）有些实词是重复的，例如，表示同一所指的名词"Иван"在深层句法层出现很多次。到表层句法结构中可能只有一个保留，另外一些重复的词位在表层句法结构中用代词替代，或者省略掉。例如，

Пётр любит сына $\left[\text{своего сына} = \text{сын} \xleftarrow{1} \text{принадлежать} \xrightarrow{2} \text{Пётр}\right]$.

Мы говорим о любви，а вы о работе $\left[\text{говорите о работе，говорить 省略}\right]$.

2. 词汇函数符号

与一个词在意义上或句法上有各种抽象关系的词被称为该词的词汇相关词，给定的词与其词汇相关词之间的某种抽象关系通过形式符号，即词汇函数符号表示。词汇函数在深层句法结构的构建中主要在两个阶段出现：在构建深层句法基础结构时出现和从深层句法基础结构向其他同义的深层句法结构转换的过程中使用。

在构建深层句法基础结构时，要求不能出现一个词的词汇相关词（即用现有词汇函数能表达的词汇相关词），而要用相应的词汇函数符号代替，表示更概括的语义。譬如，在 бурные аплодисменты、категорический отказ、строго соблюдать、наголову разгромить 等词组中起修饰作用的形容词都用词

汇函数 Magn（X）代替（Мельчук，1999：142）。

另外，同义的深层句法结构进行转换时所使用的词汇规则都是用词汇函数作为形式手段进行描写的，例如 $C_0 \Leftrightarrow Syn$（C_0）、$Oper_1$（C_0）$\Leftrightarrow Func_1$（C_0）等。

"使用组合词汇函数代替具体的因变项对应词汇语义单位，这是深层句法结构摆脱自然语言熟语性固定搭配，获得较之表层句法结构更大程度的概括性和抽象性，从而缩小语际词汇差异的重要手段"（张家骅，2002a：5）。这是深层句法层使用词汇函数的更深层次的原因。

3. 成语位的代表符号

在深层句法结构中，所有用现有的词汇函数无法表示的成语位，包括熟语，都用一个专门引入的符号代替，这个符号只有在向表层句法结构转换时才展开为实际的熟语化词组。例如，сложить голову、иметь зуб на кого-л.、сматывать удочки 等在深层句法结构中用某个代表符号代表（Мельчук，1999：143）。

4. 人造词位

有的人造词位的产生是因为在表层句法结构中对应的是零位。现在时零系词、不定人称句主语、无人称句主语在表层句法层是空位，但在深层句法层它们占有一个词位的位置，用一个代表符号代表，如不定人称用 Q 代替。

还有的人造词出现在深层句法基础结构❶中，即当某一种意义需要用符合深层句法基础结构词汇要求的词来覆盖，而这个词在这种语言中不存在，这时就需要人造词。人造词是根据该语言潜在的构词能力构建的。例如，我们需要一个具有 компромисс 意义的动词，但是在俄语中只有名词 компромисс，那么根据 идти на уступку 与 идти на компромисс 结构类似，由 уступать = идти на уступку 得出，* КОМПРОМИССИРОВАТЬ = идти на компромисс。人造词的标志是左上角有个星状标注。这样的人造词也可能在深层句法结构的转换中出现。

在深层句法结构中，这些广义词位通常附带着下标，下标是词位有语义信息的形变特征名称的缩写形式，有时也可以不附带下标。下面是一些有语义含量的词法特征的缩写形式：

---

❶ 深层句法基础结构在同义的深层句法结构中有自己的特点，详见下文。

对于名词而言，要标出数的信息：

ед — единственное число 单数

мн — множественное число 复数

对于动词而言，要标出时、体、式的信息：

буд — будущее время 将来时

наст — настояшее время 现在时

прош — прошедшее время 过去时

сов — совершенный вид 完成体

несов — несовершенный вид 未完成体

изъяв — изъявительное наклонение 陈述式

повел — повелительное наклонение 命令式

услов — условное（сослагательное）наклонение 假定式

（二）句法手段

1. 深层句法的形式原则

在《意义⇔文本》模式的整体构建中介绍过六种深层句法关系及其代表符号。这里介绍深层句法结构形式构建的一些原则。

深层句法结构是树形图，具体而言，应该叫倒树形图。整个倒树有一个最高点，叫顶点，其他各点称为节点，顶点与节点之间通过类似于枝的箭头连接。箭头从顶点始发指向节点，射向节点的只能有一个箭头，但从节点可能同时发出几个箭头。

如果箭头从谓词发出指向其第一个、第二个、第三个、第四个句法题元，那么谓词与其句法题元的关系只能各自存在一个，即从一个谓词发出的带"1""2""3""4"这四个符号的枝（如果出现）只能出现一次。

连接同等成分和谓词（"и"）节点之间的箭头是同向的，从文本中左面先出现的同等成分符号（或者现实中先出现的现象的符号）指向谓词"и"，再从谓词指向另一个同等成分符号。不论同等成分有几个，表示同等成分关系的数字，即"6"都标注在第一个同等成分和相应的谓词（这里指"и"）之间的箭头上，其他成分因为属于这个谓词的第二、第三、第四个句法题元，相应地标上"2""3""4"等代表符号，因此，从一个节点发出的带"6"的箭头也不能超过一个。

带"5"的具有广义限定关系的箭头从中心词指向其限定词。一般对于一个中心词而言，其限定词可能有无数个。Мельчук总结现实文本，约定在《意义⇔文本》模式中限定关系不超过 10 个。也就是说，从一个节点发出的带数字"5"的箭头不止一个，但约定不超过 10 个。

2. 深层句法关系与语义层的句法关系比较

1）在语义图示中，把"и"等联结词也作为谓词，如"и"和"читать"之间并不相互区别，它与"читать"等一样，只是作为谓词与其配位相区别。但在深层句法结构中，将用"и"和"читать"表示的关系区分为并列关系和从属关系。即"и"连接的句法题元之间是并列关系，而"читать"连接的句法题元与"читать"之间是从属关系。

2）文本中的一些次要成分在语义图示中无论以原形出现，还是以与其意义相符的动词形式出现（раньше/прежде－предшествовать；иначе－отличаться；из-за－каузировать），都作为谓词，但在深层句法层，这些成分作为某些词的限定性成分出现，因此，在深层句法层专门引入限定性深层句法关系——"5"。

3）因为深层句法层的词汇是自然语言的词汇，其中做谓词的主要是动词，自然语言的动词大多数有 1～4 个句法题元，偶尔有 5 个或 6 个句法题元的，题元多的动词可以通过题元少的动词的组合来表示，因此，4 种谓词－题元关系对于表示深层句法结构是足够的。而在语义层中，谓词只是有两个句法题元的谓词，相应地，谓词－题元关系的数量也要少。

3. 深层句法关系与表层句法关系的比较

深层句法关系与表层句法关系的差别主要体现在概括性和数量上。深层句法关系是具有概括性的句法关系，经常是一种深层句法关系对应很多种表层句法关系。例如，并列关系描写不同类别的并列结构。限定关系描写定语结构、状语结构、同位语结构、数量结构和其他一些结构。也有同一表层句法关系对应不同的深层句法结构的情况，但是极少数。因此，深层句法关系的数量要远远小于表层句法关系的数量。显然，深层句法关系具有概括性，具有跨语言的普遍性。这一点也体现了深层句法层的过渡性。

深层句法体现的非基本成分还使用其他一些体现手段，在模式的整体构建中介绍过。

三、深层句法结构的分类

每个语义图示都可以转换为很多深层句法结构，这些深层句法结构是相互同义的。对于一个语义图示而言，与其对应的同义的深层句法结构大体可以分为两类。

第一类，同义的深层句法结构是一个语义图示的所有义子按照不同方式分组后进行转换的结果。形象地说，例如，一个语义图示中有 a，b，c，d，e，f，g，h，i，j，k 这些义子进行不同的分组：$(a+b) + (c+d) + (e+f) + (g+h+i+j+k)$ 和 $(a+b+c) + (d+e+f+g+h) + (i+j+k)$，然后转化为深层句法结构 A、B，那么 A、B 就是所说的第一种同义的深层句法结构。

第二类，同义的深层句法结构是一个语义图示的所有义子按照同一种方式分组后进行词汇和相应的句法转换所获得的不同结果。例如，这些同义的深层句法结构都对应 $(a+b) + (c+d) + (e+f) + (g+h+i+j+k)$ 这种方式组合的义子集。与第一类同义深层句法结构集相比，这类同义深层句法结构对义子的分组基本是一致的，即不进行义子的重新分配，它们之间的区别在于对某一组或某些组义子采用不同的词或词组覆盖。例如：

продолжать читать — по-прежнему читать

ошибся в выборе — ошибочно выбрал，неправильно выбрал

запускать — производить запуск

уважать — питать уважение

кланяться — бить поклоны

влиять — оказывать влияние

实际上，对于同一个语句的语义图示而言，这两类深层句法结构之间的关系可以通过下图表示出来。

如图所示，一个语义图示中的义子可以有很多种分组，而每种分组又对应很多同义的深层句法结构。ГСС1、ГСС2、ГСС3 之间是第二类同义关系，ГСС4、ГСС5、ГСС6 之间也属于第二类同义关系，而 ГСС1、ГСС2、ГСС3……中的任何一个和 ГСС4、ГСС5、ГСС6……中的任何一个之间属于第一类同义关系。在对语义图示中所有义子进行相同分组的所有深层句法结构形成该语义图示的一个同义深层句法结构子集。一个语义图示同时具有很多这样的子集。

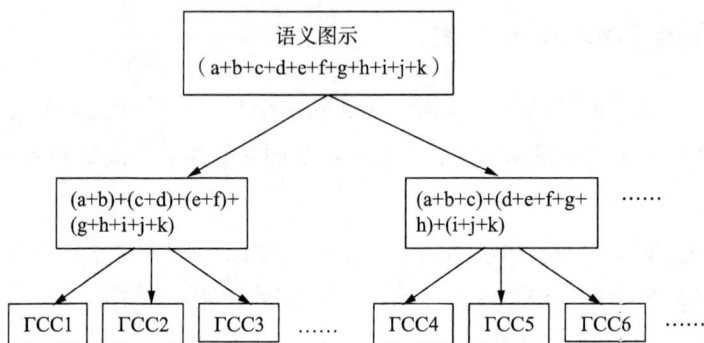

每一个具有第二类同义关系的深层句法结构的子集中，对应语义图示中同一组义子（或几组）的不同词位（或词组）之间的意义关系是规律性的、系统的，可以通过标准的简单词汇函数和复合词汇函数进行描写，因此，Мельчук 称这类深层句法结构为词汇函数－同义深层句法结构（ЛФ-синонимичная ГСС）。词汇函数－同义深层句法结构之间借助词汇函数进行词汇转换，并同时进行相应的句法转换，形成了一套规则系统（система перифразирования），在《意义⇔文本》模式理论中，这套规则系统被称为迂喻法转换系统。

第三节 小   结

语义部件是《意义⇔文本》模式中最重要的部件。语义部件包含语义层和深层句法层。

语义部件的一端是语义体现，语句在语义层体现语言信息的总和被称为语义体现。语义体现的基本成分是语义图示。语义图示是以逻辑命题形式的基本理论为基础而建立的。构建语义图示的语言学手段包括词汇手段和句法手段。词汇手段包括义子和过渡性语义单位，句法手段是谓词与事物名词组成的主从关系。根据 Апресян 对表层语义和深层语义的分层的理论，Мельчук 所言的语义层仍然具有表层语义性质。

语义部件的另一端是深层句法体现，语句在深层句法层体现语言信息的总和被称为深层句法体现。深层句法体现的基本成分是深层句法结构——深层句法关系树。深层句法结构的构建主要借助题元理论构建。构建深层句法结构的语言学手段包括词汇手段和句法手段。词汇手段包括现实的词位、词汇函数符号、成语位的代表符号、人造词等，句法手段是不同于语义层和表层句法层的句法关系的深层句法关系。每个语义图示都可以转换为很多同义的深层句法结构。同义的深层句法结构有两种同义关系类型，一种是不能借助词汇函数进行转换的，另一种可以借助词汇函数进行转换，被称为词汇函数－同义深层句法结构。

第三章　词汇函数

词汇函数是语义部件层级构建和从语义层到深层句法层的转换过程中一个必不可少的形式化描写手段。

第一节　词汇函数概述

一、词汇函数的概念和研究范围

函数的概念源引自数学，在数学中，函数表达不同集合的成分之间的关系。更准确地说，它是"规则"，按照这个规则，一个集合（称为"定义域"）中的每个成分和另一个集合（称为"值域"）的某个成分对应起来。定义域是函数的取值范围，值域是函数值的集合。定义域是该函数所有自变量的集合，值域是因变量的集合。函数式的概括形式是 $y = f(x)$，f 代表函数，x 是自变量，y 是因变量，也称函数值。

语言学中的词汇函数与数学中函数的意义基本是一样的，不同的是，语言学中词汇函数处理的是词和词组，而数学处理的是数字。数学函数作为"规则"，表示的概念关系是非常严格的，语言学函数表示的意义关系具有一定的模糊性和经验性。

通过对《意义⇔文本》模式中词汇函数理论的综合解读，这里对词汇函数的概念性理解和形式化表达方式进行了重新表述。

词汇函数（лексическая функция）表示的是处于不同集合中词或词组之间的关系。它表示一种概括性关系，按照这个关系，一个集合中的词或词组与另一个集合中的词或词组对应起来。如果以某个词为焦点，能找到与它形成各种不同关系的词，例如，以 учёба 为焦点，那么 учение、занятия、обучение、урок、отличная、упорная、систематическая、приступать、завершать、бросать、прерывать 等都与 учёба 在意义上形成各种不同的关系。在《意义⇔文本》模式理论中，这个焦点词被称为主题词或关键词（ключевое слово），而与关键词形成各种关系的词称为词汇相关词。那么，词汇函数就是表示给定的关键词与其词汇相关词之间的意义关系的形式符号。如果用数学中的词汇函数概念类比的话，关键词就是词汇函数自变量，而词汇相关词是词汇函数值。

关键词和词汇相关词之间的关系主要是聚合和组合关系（有些关键词和词汇相关词之间的关系很难归于以上两类），而组合关系是研究的主要方面，即研究关键词与相应的词汇相关词之间的搭配。在词汇搭配中，词汇函数主要关注那些不自由的搭配，这样的搭配一方面没有熟语的各个成分之间搭配得那么紧密，另一方面词语之间的搭配又是有选择的。例如，在 открыть магазин、включить ламбу 中，открыть 和 включить 都表示"使某个事物开始工作"的意思，但与不同的词搭配时不能混淆。

二、词汇函数式中各种符号的含义

词汇函数采取形式化的表达方式，其概括性表达式也是 $y = f(x)$，其中：

"f"：所有词汇函数的概括性符号，具体的词汇函数用拉丁词语的缩写形式标记：如 Syn、Conv、Anti、Der、Pred、Gener、Figur、Center 等。

"x"：代表自变量，具体的自变量也是某个关键词。关键词用"C_0"表示。俄语中 аргумент 表示自变量。

"y"：代表因变量，即词汇函数的值，俄语称 значение 或 выражение。$y = f(C_0)$，对于具体的关键词而言，"$f(C_0)$"是词汇相关词。

"//"：黏合（词汇函数）值。

在关键词和词汇相关词具有组合关系的词汇函数中，有两种形式的词汇相关词，一种词汇相关词的意义不仅包含词汇函数代表的某种概括性意义，而且结合了关键词的意义，这种词汇函数值叫作黏合值（склеенное выражение），黏合值前用"//"标出；还有一种词汇相关词只表达词汇函数本身代表的某种意义，而不包含关键词的意义，这种词汇函数值叫作非黏合值

(несклеенное выражение)，没有形式标志。

三、词汇函数理论的功能和价值

研究发现，词汇函数不仅对《意义⇔文本》模式理论本身有价值，在其他方面也有很强的功用。

1. 系统性地记录非自由性搭配。上述非自由搭配实际上很多，相关的搭配都随机地记录在语法中、相关词的词条中，记录方式不系统。有了数量有限的词汇函数，就可以对这些搭配进行系统性的整理，把具有相同意义关系的词组归为一类。这一点具体说明了张家骅在《"词汇函数"的理论和应用》一文中所言的"为解释词汇的系统性提供了新视角""丰富了熟语学的理论"。

2. 词汇函数是《意义⇔文本》模式构建的必要的形式化手段和记录信息的必要方式。《意义⇔文本》模式是为自动化翻译服务的形式化模式，词汇函数代表概括性的意义或意义关系，在构建深层句法结构和深层句法结构转换中起到了不可替代的形式化手段的作用。同时，《意义⇔文本》模式要求对语言信息进行整合性的描写，要求词典全面地记录信息，与语法规则配合。详解组合词典正是借助词汇函数的帮助才能全面、高效地记录每个主题词的所有词汇相关词。

3. 利用词汇函数可以建立一种概念模式，这种模式具有普遍性。词汇函数代表的关系具有概括性和通用性。以这种概念模式对双语翻译、二语习得、二外教学等很有帮助。例如，要将汉语中的"开办学校"与俄语中相关词组对应，先将"学校"与俄语中的"школа"对应上。然后分析"开办"和"学校"之间的概括性意义，这里的意义是"情景（学校）的外部因素使情景存在的动作"。再将这个意义类比到俄语，在俄语中以这个意义与"школа"搭配的词是"открыть"，即"открыть школу"。反过来，我们根据这样的概念模式去记忆第二外语中的搭配时，就会减少逐字翻译的错误。

四、词汇函数的分类

《意义⇔文本》模式对词汇函数的分类可以从四个层次理解。

第一个层次，Мельчук 称有一些词汇函数"具有熟语性非自由值"（фразеологически связанные выражения），这类词汇函数只是针对一些自变量的，针对另外一些自变量并不适用。还有一种词汇函数是它的值对于所有自变量都是适用的（Мельчук，1999：79）。我们可以这样理解第二类词汇函数，比如，假如有一种函数表达这样的意义"形容具有与雪一样的颜色的"，那么，所有具有这样颜色的事物都可以称为是"белый"的；再如"形容有很大的重量的"这个概括性意义，其函数值"тяжёлый/большого веса"对于任何物体名词－关键词都是一样的。

实际上，这两类词汇函数的区别在于关键词（自变量）和词汇相关词（函数值）之间关系的自由程度。从例证可见第二类关键词与词汇相关词的关系是非常自由的。

Мельчук 对于这两类词汇函数并没有给出简明的术语，只是称第二类为ЛФ-константа，笔者称为常值词汇函数。第一类词汇函数被称为一些"具有熟语性非自由值（фразеологически связанные выражения）的词汇函数。国内有学者称这种词汇函数为"熟语性固定组合关系函数"。实际上，这个定义强调的只是关键词和词汇相关词具有组合关系的词汇函数。但是，在这类词汇函数中的标准词汇函数清单（这类词汇函数包括标准词汇函数和非标准词汇函数，见下文）中还列入了关键词和词汇相关词之间具有聚合关系的词汇函数。所以这样称名不够全面，因为关键词和词汇相关词之间具有聚合关系的词汇函数也属于这类词汇函数中。实质上，对这类词汇函数的理解关键一点是：自变量和词汇函数值之间具有非自由的对应关系。对于某个具体的关键词而言，其函数值（表达式）是固定的一个或几个，而对于另外一些关键词而言，函数值是其他。所以与常值词汇函数相对，笔者称这类词汇函数为变值词汇函数。

第二个层次，《意义⇔文本》模式把具有非自由值的函数，即所谓的变值词汇函数分为标准词汇函数（стандартные ЛФ）和非标准词汇函数（нестандартные ЛФ），Мельчук 指出，标准词汇函数与非标准词汇函数有以下两点区别：①标准词汇函数具有广泛的语义搭配性，即词汇函数的意义允许和相当多的不同意义（关键词的意义）形成一些允许的联合。换句话说，标准词汇函数应该有大量的自变量。这个属性与具体语言无关。②标准词汇函数的表达式相当丰富。这个属性取决于具体的语言（Мельчук，1999：79）。

这个分类实际上是根据定义域和值域各自取值范围的大小，即自变量和词汇函数值在某种语言中潜在的存量的多少，将变值词汇函数分为标准词汇函和非标准词汇函数。"多少"是一个模糊的概念，没有一个精确的量化标准，基本是凭借语言学家的直觉和经验来确定的。标准词汇函数的自变量和词汇函数值虽然相对丰富，但基本上不是一一对应的，同一个函数，取同一个自变量，可能有两个甚至更多的函数值，同样，同一个函数值，可能来自两个或多个自变量。

以上两层的分类可以通过下表进行总结：

	自变量数量	词汇函数值数量	是否有熟语性非自由的词汇函数值
常值词汇函数	—	—	无
非标准词汇函数1	多	少	有
非标准词汇函数2	少	多	有
非标准词汇函数3	少	少	有
标准词汇函数	多	多	有

第三个层次，Мельчук 将标准词汇函数又分为简单标准词汇函数（простые стандартные ЛФ）和复合标准词汇函数（сложные стандратные ЛФ）。经研究发现，从形式上看，简单标准词汇函数用一个拉丁字母的缩写表示，复合标准词汇函数用两个和多个标准词汇函数符号表示，有时也有非标准词汇函数的符号。从内容上看，符号代表的内容的复杂程度并不是绝对的，某个具体的复合标准词汇函数当然比组成它的简单标准词汇函数复杂，但并不一定比其他复杂的简单标准词汇函数复杂。

第四个层次，Мельчук 将简单标准词汇函数又分为替换函数（замена）和参数函数（параметр）。词汇的替换－相关词一般在文本中用于替换自己的关键词（可能，有一些补充添加或其他处理），如同义词、反义词；词汇的参数－相关词一般在文本中与关键词同时使用，如 Caus、Real$_i$等。参数－相关词表达一个单独的不是由关键词派生的意义，并与关键词联合（Мельчук，1999：81）。但是，"无论从内容还是形式上替换词和参数词之间都没有清晰的界限"（Мельчук，1999：81）。有一些简单标准词汇函数很难归入替换函数或参数函数的行列，如 A$_i$、Able$_i$、Qual$_i$等。

鉴于这种分类有一些模糊的地方，而且不能体现词汇函数符号代表的内容特点，笔者尝试对简单标准词汇函数进行重新分类。在解读简单词汇函数清单中将详细阐述新的分类情况。

五、词汇函数理论中有待明确的问题

现行的词汇函数已经在很多方面表现出了良好的功能，但是经过分析发现，仍然存在一些不足或者需要明确的地方。

1. 数量还不确定。现有词汇函数的数量不是绝对的，因为，不同研究者或同一研究者在不同时期提出的词汇函数总量都不完全相同。而且，还有一些概括性意义没有被现有词汇函数覆盖。随着认识的深入，词汇函数的数量可能不断增加。另外，现有某些词汇函数之间的蕴含关系不确定。某些标准词汇函数实际上包含两个标准词汇函数，例如，Sing 和 Mult 放在一起描写；也有些词汇函数是可以合并的，例如，Adv_{ix}、Pred 可以归入 Conv 中。

2. 词汇函数符号代表的内容还需要明确。暂时对每个词汇函数意义的表述都比较简单。因此，单凭一个词汇函数符号简单的提示和对其简单的解释很难判断怎么由关键词获得相应的词汇相关词。譬如，Мельчук 对 Perm 的解释是："не делать так，чтобы не"，单凭这样的解释，完全不知道关键词和词汇相关词是怎样的关系，因此，需要明确词汇函数代表的具体内容。

首先，要明确整体上词汇函数符号的内容类别，有些是代表一定的概括性意义，有些代表一定的关系。

其次，要明确词汇函数代表的具体内容，需要从以下几个方面考虑。

第一，有些词汇函数代表的内容要具体解释，比如，从民族规约性等方面。

第二，要清楚词汇函数的内容关涉什么样的关键词。不同类别的关键词是否对词汇函数意义的具体解释和函数值的取值产生影响，因为，对于每个词汇函数而言，作为自变量的词汇有一定的词类、语义、词法形式限制，譬如，Oper、Func、Labor 的自变量只能是名词；作为 Degrad 自变量的是表示有一定使用寿命和使用质量要求的物品的名词；Perf 的自变量是未完成体动词；在一个词汇函数内部，有些自变量既可能是动词，又可以是名词，不同类别的关键词对词汇函数取值是有影响的。

第三，要清楚词汇函数的内容关涉什么样的词汇相关词，明确其词类和意义属性等。

第四，需要明确关键词和词汇相关词在句法上是怎样联系的。有些词汇函数关键词及其词汇相关词在句法上的联系与它们的意义在语义上是否黏合有关。

3. 没有对复合词汇函数进行系统的描述。

本书将针对以上问题进行研究。

第二节　简单词汇函数清单

在《意义⇔文本》模式理论中，简单标准词汇函数是对词汇函数认识和研究的基础和重点。鉴于上述提到的现有的词汇函数理论中存在一些不明确的地方，笔者从以下几个方面详解每个词汇函数，明确每个词汇函数的具体内容。

首先，从整体上把握词汇函数代表的内容的性质。

根据不同性质的内容将词汇函数重新分类。第一类，词汇函数代表词汇之间的意义关系，如，Syn、Conv、Anti 等。第二类，词汇函数代表情景内部的某种语义联系，如 S_i、S_c、A_i 等。第三类，词汇函数代表某种句法关系：Oper、Func、Labor。第四类，词汇函数代表某种意义增量，如 Incep、Cont、Fin 等。第五类，词汇函数代表一种复杂的概括性意义，如 $Fact^j$、$Real^j_{12}$、$Prepar^j$ 等。这五种类别对关键词的要求也形成了类别，第一、第四类与关键词的意义整体相关，第二、第三类与关键词的某个意义成分，主要是某个语义题元或状态元相关，第五类与关键词所指事物的属性、特征、功能等形成复杂的意义关系。通过这样的分类可以观察词汇函数的关键词与相关词的关系类型。

其次，针对上述提到的四个需要明确的方面具体详解每个词汇函数代表的内容，同时明确有些词汇函数之间的关系。

第一，详细解析词汇函数的含义，并为每个词汇函数取一个提示性的称名。

第二，从词类、语义、词法形式上解析词汇函数的取值范围，必要时，指出不同类的取值对词汇函数含义的理解的细微差别以及不同的取值。

第三，明确指出词汇相关词，即词汇函数值的词类以及意义特征。

第四，明确指出关键词和词汇相关词在句法上是否有联系，如何联系。

一、简单标准词汇函数清单

本书的清单以 Мельчук 在《"意义⇔文本"语言学模式理论经验》中列出的简单标准词汇函数和简单非标准词汇函数为基础。其中，把原来放在一个编号中叙述的两组词汇函数 Sing、Mult 和 Ablei、Qual₁ 都单独描写。

在解释每个词汇函数之前分别指出词汇函数名称的关键词与词汇相关词的词类、某些关键词的语义、词形特征等。关键词用 C_0 表示，词汇相关词用 $f（C_0）$ 表示。

（一）第一类

词汇函数表示关键词和词汇相关词整体意义之间某种简单的关系，属于这类的有 Syn、Conv、Anti、Gener、Figur、Der、Adv$_{ix}$、Pred。

1. Syn 同义

C_0：各种词类

$f（C_0）$：各种词类

词汇函数 Syn 表示的是同义关系。Мельчук 是这样解释词汇函数 Syn 的取值的，"同义词：与关键词意义相符合，属于同一个词类，具有同样一些积极的句法配价的词。同义词之间不仅在词法属性、构词属性和修辞色彩上有差别，而且在词汇搭配性和句法搭配性上都可以不同。……除了精准同义词（完全同义词、绝对同义词），在词条中还非常合理地置入了准同义词（квазисинонимы），即指意义之间的区别经常在一定的上下文中被大大减弱的同义词。准同义词伴有标识符号⌐（意义更宽泛的）、⌐（意义较窄的）、∩（意义有交叉的），例如，Syn⌐ 意思是'意义更宽泛的准同义词'：Syn⌐（агрессия）= нападение，因为'агрессия'是'нападение'的部分情况或状态"（Мельчук，1999：82）。同义关系词汇函数的例子有：

Syn（безграничный）= беспредельный[1]

Syn⌐（размер）= величина

―――――――――――

[1] 本书中词汇函数的例子绝大多数来源于 Мельчук：1999。

$Syn_⊃$（сражаться）= бороться

$Syn_∩$（дорогой）= ценный

"精准同义现象是少见的现象，因为用不同的形式手段对同一个内容进行编码是多余的。暂时没有发现任何语义区别、可作为精准同义词候选的例子如：бросать — кидать，глядеть — смотреть；плебисцит — референдум；везде — всюду；заснуть — уснуть."（Кобозева 2000：100）。

尽管单独的同义词之间有一些不同，但是只要从小句的语义注释的角度看，同义词所覆盖的语义是相同的组块，它们就是可以替换的。

2. Conv 题元转换

C_0：主要是动词，表示某种情景

$f（C_0）$：主要是动词

该词汇函数值是"转换词：表示的情景关系与关键词所表示的情景关系相同，但从不同的角度出发，即关键词的题元位置发生改变（准确地讲，改变了语义变量与深层句法题元之间的对应关系）"（Мельчук，1999：83）。这里所说的是语义题元与深层句法题元的对应关系发生改变。

一般情况下，有两个或更多配位的词才可能有题元转换词。符号 Conv 的下标指出题元转换的方式：下标的阿拉伯数字本身的数值分别代表关键词的第几个深层句法题元，实际上这个数值也固定了情景的语义题元，而阿拉伯数字从左至右的顺序对应的是题元转换词的第一、第二、第三……个深层句法题元的顺序。例如，$Conv_{2143}$ 表示关键词的第二、第一、第四、第三个深层句法题元分别变成题元转换词的第一、第二、第三、第四个深层句法题元。Мельчук 还指出，在很多语言中被动态是形成题元换位词的通常方法。根据笔者对整个《意义⇔文本》模式理论的观察和总结发现，在《意义⇔文本》模式框架下一般不取被动态为该词汇函数的值。另外，深层句法题元的数量一般都在 4 个以内，所以作为下标的阿拉伯数字不会超过 4。有些题元转换词的语义题元的数量与关键词的语义题元的数量相同，有些则不同，即某些语义题元省略了。例如，$Conv_{412}$（купить）= уйти，Он купил у Пётра книгу за 15 рублей，而用相应的题元转换词来表示就是：У него ушло на книгу 15 рублей。转换词的例子如：

$Conv_{321}$（купить）= продать

Conv$_{21}$（быть женой）= быть мужем（Мельчук, 1999：83）

Conv$_{132}$（обучать）= преподавать（Мельчук, 1999：152）

Conv$_{21}$（выиграть）= проиграть

Conv$_{21}$（иметь）= принадлежать

Conv$_{213}$（младше）= старше

3. Anti 反义

C$_0$：各种词类

f（C$_0$）：各种词类

Мельчук 这样解释词汇函数 Anti 的取值，"反义词：表示与关键词表示的性能、状态或行为相反的性能、状态或行为的词"（Мельчук, 1999：83）。Мельчук 还指出，它们之间的区别或者在于互为反义词中的一个词在注释的某个位置上有否定词；或者在于注释中某个成分是对立的，"较多"（больше）——"较少"（меньше），例如 зрячий 'способный видеть'——слепой < незрячий > 'не способный видеть'，тяжёлый 'имеющий вес больше нормы'—— легкий 'имеющий вес меньше нормы'.（Мельчук, 1999：83 – 84）从这些解释中可见，其实反义词的意义中大部分内容是一致的。反义词汇函数例子如：

Anti（хороший）= плохой

Anti（закрывать）= открывать

Anti（далеко）= близко（Мельчук, 1999：84）

Anti（мальчик）= девочка

Anti（большой）= маленький

Anti（широкий）= узкий

Anti（опасно）= безопасно

Anti（начинаться）= заканчиваться

Anti（проводить）= встречать

Кобозева 指出了反义关系的三种主要类型。互补性关系或互补反义关系描述的是这样的成对词语：否定其中一个而确定了第二个，例如 женатый — холостой、спать — бодрствовать、с — без，向量反义关系连接的是表示不同方向行为的词：влететь — вылететь、здороваться — прощаться、замерзать —

оттаивать；对立反义关系连接的是这样一些词：在它们的意义中指出对立的刻度区域，这种刻度是适用于客体或现象的这样或那样的维度或参数，例如大小、温度、强度、速度等。换句话说，这种类型关系是有参变量意义的成对词特有的：большой — маленький、широкий — узкий、жара — мороз、высоко — низко、ползти — лететь（关于时间的）等（Кобозева，2000：104 – 105）。

4. Gener 上位概念

C_0：名词、动词、形容词、副词

$f（C_0）$：名词、动词、形容词、副词

Мельчук 这样解释词汇函数 Gener 的取值，"关键词 C_0 所表示概念的上位概念的名称"（Мельчук，1999：84）。Мельчук 还指出关键词与其上位概念词在句法上可以形成两种组合类型：

第一种类型的概括关系式是 Gener（C_0）$\overset{5}{\to}$ δ（C_0）= C_0，如：республиканское ［δ（C_0）］государство ［Gener（C_0）］= республика ［C_0］，这里 δ 表示 C_0 的某个异词类同义派生词，能够对 Gener（C_0）起到限定性作用。这类词汇函数如：

Gener（жидкость）= вещество（жидкость = жидкое вещество）

Gener（жёлтый）= цвет（жёлтый = жёлтого цвета）

Gener（шептать）= говорить（шептать = говорить шёпотом）

Gener（ползти）= передвигаться（ползти = передвигаться ползком）

Gener（лингвист）= учёный（лингвист = учёный-лингвист）（Мельчук，1999：84 – 85）

Gener（математика）= наука（математическая наука）

Gener（яблоня）= дерево（яблоня = яблочное дерево）

分析上述例子可以发现，关键词是动词时，上位词一般也是动词，δ 一般是起到副词作用的词形，这里都是名词的五格；关键词是名词时，上位词一般也是名词，δ 一般是形容词，但也可能变成同位语中间的连字符，如 учёный-лингвист。δ 的具体词类、词法特征以及 Gener（C_0）与 C_0 的表层句法关系根据关键词词类的不同而有大致的区别。

第二种类型的概括性关系式是：C_0，C_1，C_2... Cn 和其他 Gener（C_0），如：

мотоциклы, автомобили и иные транспортные средства. (Мельчук, 1999: 85), 再如: банан, виноград, яблоко...и другие фрукты; роза, лилия, лотос...и другие цветы.

笔者认为, 上位概念词和关键词之间的两种组合类型并不是截然分开的, 第一种类型的某些上位概念词和关键词也可以用第二种类型的组合方式组合起来, 如 математика, экономика, физика, химика...и другие науки; яблоня, персик, вишня...и другие дерева。但第二种关系的上位概念词和关键词一般不能通过第一种方式组合在一起。实际上, 所有的下位概念词都可以用自己的上位概念词解释, 只不过有些修饰成分是解释性的, 通过一句话或几句话表示, 而有些在语言中有源自下位概念词的修饰性成分, 例如第一种类型。

5. Figur 隐喻

C_0: 基本是名词

$f(C_0)$: 基本是名词

该词汇函数值是"普遍接受的 C_0 的隐喻($Figur \overset{5}{\rightarrow} C_0$)。Figur 经常用在与 Magn 的组合中"(Мельчук, 1999: 88)。Мельчук 还给出例子:

Figur (сон) = объятие [сна]

Figur (сатира) = жало, бич [сатиры]

Figur (заговор) = нить

以上是 Мельчук 给出的关于这个函数的所有解释。这里做一下补充说明, 关键词和比喻词之间通过所代表事物的某种特征相似性联系起来, 比喻词表示的已经不是对关键词所指事物的新鲜比喻了, 甚至有些比喻词的相关比喻意义已经作为一般的意义固定在词典中, 譬如, 在词组 "пелена тумана" (雾幕) 中 "пелена" 的第一个释义是 "罩布(旧)", 第二个释义就是 "帷幕般拦住什么的东西", 再如 пелена дыма、пелена дождя 等。通常, 比喻词以隐喻的形式出现, 关键词和比喻词形成修饰性词组, 以突出关键词的某种特征。

6. Der 异词类同义派生

C_0: 名词、动词、形容词、副词

$f(C_0)$: 名词、动词、形容词、副词

　　Мельчук 是这样解释词汇函数 Der 的取值的，"句法派生词：与关键词意义 C_0 相符，但属于不同词类。因为区分为四种基本词类：S — 名词、A — 形容词、Adv — 副词和 V — 动词，因此有四类派生词：S_0、A_0、Adv_0、V_0"（Мельчук，1999：84），Мельчук 给出了这样的一些例子：S_0（вышивать）= вышивание，A_0（книга）= книжный，Adv_0（обезьяна）= по-обезьяньи，V_0（рядом）= соседствовать.

　　所以这个词汇函数有四个具体类别：S_0、A_0、Adv_0、V_0。在"关于语义合成 I"（о семантическом синтезе I）一文中以图表的形式列出了这四个词类之间理想上的 12 种派生类型。

　　由于"句法派生词"这个名称较难理解，我们把句法派生词叫作异词类同义词。这类派生词还有：

S_0（последовательный）= последовательность

A_0（институт）= институтский

Adv_0（абсолютный）= абсолютно

7. Adv_x（x = A，B，C，D）副词限定性

C_0：动词

f（C_0）：副词或副词性词组

原理论对这个词汇函数的含义及用法阐述得比较复杂。笔者将重新表述一下。

　　该词汇函数值是由动词 – 关键词派生的与其意义相同的副词或副词性的词。该词汇函数的值是副词性的，并不只是严格的副词。有时是前置词加名词组成的词组等形式。这个词汇函数的取值不仅与动词 – 关键词有关，还涉及与动词 – 关键词线性相连的其他成分，具体是与动词 – 关键词相连的哪个成分，由下标标示。下标中的 x 表示：在线性文本中动词 – 关键词变成副词性词汇函数值时，相应地，动词 – 关键词的哪个深层句法题元要转换为该深层句法题元对应的动词，即当 x = A 时，动词 – 关键词的第一个句法题元要转换为与本身意义相同的动词；当 x = B 时，表示动词 – 关键词的第二个句法题元要转换为与本身意义相同的动词；依次类推下标 C、D 的含义。例如，Adv_B（ошибаться）= //ошибочно，неправильно，也就是说，当 ошибаться 变成副词性的词时，而这个副词性的词要限定的是 ошибаться 的第二个（B）句法题

元对应的情景动词，例如 Он ошибся в *выборе* средств ⇔ Он неправильно *выбрал средства*. 这个词汇函数的例子还有：

Adv$_A$（сопровождать）= // вместе с

Adv$_B$（поспешить）= // по（спешно）（Мельчук，1999：91）

据观察，大多数动词关键词本身的意义和支配能力就决定了，当其本身变为副词性的词时，要保持词组意义不变，其第几个深层句法题元能够转换为相应的动词，因此通常情况下，当动词－关键词固定了，Adv 的下标就已经固定了。

8. Pred 述谓性

C$_0$：非动词

f（C$_0$）：动词

该词汇函数值是与表达式 Copul（C$_0$）+ C$_0$（词汇函数 Copul 的意义相当于"是"，见下文）意义相符的独立动词，该独立动词有替换 Copul（C$_0$）+ C$_0$ 的潜在能力，例如，Pred（преступник）= // * преступать。词汇函数 Pred 在现实词汇中有很少的值，经常根据关键词潜在的构词能力构造出一个词以作为转换的过渡环节。词汇函数 Pred 的关键词及其词汇相关词之间是黏合关系（Мельчук，1999：92）。见 Мелчук 所给的例子：

Pred（пьяница）= // пьянствовать

Pred（дружный）= // дружить

Pred（рядом）= // соседствовать

通过对第一类词汇函数逐一细致的分析，我们首先对这类词汇函数的关键词和词汇相关词作如下总结：①关键词和词汇相关词之间的联系是整体意义之间的联系，除了 Adv$_x$（副词限定性）、Pred（述谓性）这两个词汇函数，其余词汇函数的相关词都不黏合关键词的意义。②Syn（同义）、Conv（题元转换）、Anti（反义）的关键词和相关词词类相同，意义上平等，所以它们在句法上是替换关系。③Gener（上位概念）、Figur（隐喻）的关键词和相关词虽然词类相同，但 Gener 的关键词和词汇相关词在句法上有时候是替换关系，有时候是组合关系。Figur 的关键词和词汇相关词是组合关系。④Der（异词类同义）、Adv$_x$（副词限定性）、Pred（述谓性）的关键词和相关词词类不同，意义相同，在句法上是替换关系，替换时，与关键词相关的其他成分也要一起变化。

除此之外，这里要对某些词汇函数的一些具体特点、某些词汇函数之间的联系进行补充分析。例如：

1）Der、Syn、Anti 之间的关系

题元转换词与关键词之间在词性上是相同的。从传统角度讲，有的是同义词，如 преподавать — обучать，有的是反义词，如 преподавать — учиться。

在《意义⇔文本》模式下，同义词主要是为转换服务的，如果是动词，它们的深层句法题元要一致。这样，当在具体的上下文中差别被淡化或被忽略时，同义词之间才能替代。对于动词而言，这个定义只能覆盖传统上的一部分同义词，因为这里所说的同义动词在深层句法题元的数量和顺序上要一致，能达到这个要求的动词同义词很少。像传统上所说的动词同义词 обучать—преподавать 在《意义⇔文本》模式框架下都作为题元转换词出现。

2）Der、Adv_x、Pred 之间的蕴含关系

实际上，Adv_x 应该属于 Der 的一个子类别。在"关于语义合成 I"中描述词汇函数 Der 时曾写道："我们将不分析所有 12 个派生类型，而只局限在一个类型上— Adv（V），因为它用在下面引入的一系列转换中"（Жолковский，Мельчук，1967：210）。后来，Мельчук 把 Adv 单独列出来加以强调，也是因为在迂喻法转换中要用到这个函数。Adv 是专门由动词派生出副词或副词性词或词组的词汇函数。

Pred 的自变量是非动词，即名词、形容词、副词，词汇函数值是动词，词汇函数值和自变量之间意义相同，词类不同，因此，它也是 Der 的一个子类别。在 Мельчук 所举的例证中也可以说明这一点，在说明词汇函数 Der 时有例子：V（рядом）= соседствовать（Мельчук，1999：84），在说明词汇函数 Pred 时同样有这个例子。

Adv_x 和 Pred 都是 Der 的两个子类别，同时这两个子类别之间也有重合的地方。笔者利用"关于语义合成 I"中展现的图表形式说明这三个词汇函数的关系。

C_0 ╲ $DerC_0$	Der_V	Der_S	Der_A	Der_{Adv}
V	—	S（V）	A（V）	Adv（V）
S	V（S）	—	A（S）	Adv（S）
A	V（A）	S（A）	—	Adv（A）
Adv	V（Adv）	S（Adv）	A（Adv）	—

从上表中可以清晰看出，Pred 是 Der_V 的一个类别，Adv（V）也是 Der_{Adv} 的一个子类别。Perd 和 Adv_x 有交叉的部分，即都处理动词和副词之间的对应关系。关于 Adv_x 与 Pred 所处理的交叉内容在下文关于词汇规则的内容中会详细展开。

3）Gener 函数值的民族性特点

Мельчук 指出了 Gener 的民族性特点，即指，"如果 X 和 Y 是两种不同语言中意义相同的词，Gener（X）和 Gener（Y）可能在意义上不相符"（Мельчук，1999：85）。

笔者认为，该词汇函数的民族性不仅体现在作为词汇函数值的词汇的意义上，还体现在意义的体现形式上。具体而言，该词汇函数的修饰性成分 δ 的词法体现方式具有民族性，例如，树是苹果树的上位概念词，在俄语中，"苹果树"用"яблочное дерево"表示，修饰性成分"яблочное"是一个单独的词，而在汉语中，"苹果树"中"苹果（的)"是修饰性词素。

4）Figur 函数值的民族性特点

不同的民族对同一事物的比喻有时是不同的，因此词汇函数 Figur 的同一关键词在不同自然语言中的取值可能是不同的。这样的例子很多，在此不列举。

5）对词汇函数 Adv_{ix}（i = 1，…，4；x = A，B，C，D）下标的使用说明

这里要说明的是，在"关于语义合成 I"中 Adv 的下标只有一个，即 Adv_A、Adv_B、Adv_C，而在《"意义⇔文本"语言学模式理论经验》中虽然把下标增加到两个，即 Adv_{ix}，但是并没有指出其中 i 所代表的意思。而且，在 Мельчук 所举的例证中，关于这个 i 也出现过矛盾，例如，在该书第 91 页的例证中，Adv_{1A}（представляться）= как представляться，而在第 153 页所举的例子中，Adv_{0A}（представляться）= как представляться。根据现有的材料，对 i 所代表的意义还不能给出明确的答案。因此，笔者在这里采用一个下标的形式，即 Adv_x，X 表示第几个句法题元。

在《意义⇔文本》模式中主要处理有两个语义题元的动词，所以下标主要是"1""2"。

（二）第二类

词汇函数代表词汇相关词与关键词通过情景某个语义题元形成的某个情景内部的语义联系，属于这类的函数有 S_i、S_c、A_i、$Able_i$、$Qual_i$。

1. S_i（$i=1$，2，3，4）语义题元称名

C_0：动词、形容词、前置词、连词、一些副词，也包括抽象的名词（通常是由动词转化或形容词转化的）；意义具有情景性

f（C_0）：名词

Мельчук 是这样解释词汇函数 S_i（$i=1$，2，3，4）的取值的，"S_i（$i=1$，2，3，4）—— 第 i 个题元的典型名称。在篇章中，在谓语是称名情景的动词的情况下，一些具体题元的符号承担主语和强补语的角色：'Иван，Петр，лыжи，10 рублей'事实上是在上文列举的小句（作者注：Иван продаёт Петру лыжи за 10 рублей.）中动词'продаёт'的具体题元。词汇函数 S_1 是第一个题元的（根据在情景中的角色形成）典型名称，在'卖滑雪板'的例子中就是'продовец'。如果 C_0 是情景的'积极的'符号，那么 S_1（C_0）通常是语义施事（具有一定目的的使役因素）；……同理，S_2、S_3、S_4 就是第二、第三、第四题元的典型名称，在刚刚提到的例子中就是'покупатель，товар，цена'"（Мельчук，1999：86）。Мельчук 还给出了其他一些例子：

S_1（игра（ть））=//игрок

S_2（обслуживать）=//клиент

S_1（казнь，казнить）=//палач

S_1（лгать）=лгун

这里的"第 i 个题元"的表述是模糊的。需要对它进行明确分析。

Мельчук 指出，"由自然语言单独的词汇单位表示的情景通常有 1 到 4 个意义成分，或者叫语义题元（用大写的拉丁字母 A，B，C，D 或 X，Y，Z 表示）。四题元情景的例子如'卖'（продажа/продавать）：A —— продающий、B —— товар、C —— покупатель、D —— цена товара."（Мельчук，1999：85）。Мельчук 还指出，"每个作为情景名称的词位……都相应地有语义题元，即该情景的题元。同时，每个这样的词位都对应着深层句法题元——词位的附属成分（在深层句法结构中），最后对应主语和强补语（如果该词位是动词谓语）。

深层句法题元用阿拉伯数字 1，2，3，4 标注"（Мельчук，1999：85 – 86）。

从这两段表述可知，在词汇函数 S_i 的注释中，所谓的题元实际上分为语义题元和句法题元。只有句法题元有顺序，分别用 "1，2，3，4" 表示，而语义题元是用拉丁字母表示的。从这一点上看，似乎词汇函数 S_i 中下标 i 表示的句法题元。句法题元指的是句法上的单位名称，即深层的从属成分或表层的主语和强补语。但是上文已经讲到，S_i 是典型名称，是根据情景中角色形成的名称，也就是承担这个角色的一类事物的总体称名。那么，显然，这里概括的是语义方面的特征，实际上指的是语义题元。综上所述，这里的 "i（第几个题元）" 指的是第几个句法题元所对应的语义题元典型名称。那么这里语义题元和句法题元的对应应该是典型的，因为只有这样，词汇函数的值才能是典型的。即第 1 深层句法题元一般指主体语义题元，而第 2 深层句法题元指的是客体语义题元。

明确了下标的含义后，还有一个问题，根据一个所给的表示某情景的关键词 C_0，如何得出第 i 个句法题元的概括性语义固定名称呢？关键词 C_0 可以是表示某情景的动词，也可以是名词，例如，"情景 'спать' 可以用关键词 'спать' 或 'сон' 表示"（Мельчук，1999：85）。

上文讲过，当情景用动词表示情景时，第一、第二、第三、第四题元分别是未来的主语和强补语。而且如果关键词是积极的符号时，S_1 通常就是语义施事者。这也就是说，当关键词是表示情景的积极的动词，即积极全义动词时，那么第一深层句法题元对应的是主体语义题元，而 S_1 就是指该情景中语义施事的典型名称。其他下标所指的语义题元的典型名称要根据具体的动词而定。

但是，如果情景用名词表示，那么第一、第二、第三、第四题元怎么判断呢？Мельчук 给出了这样一些例子：S_1（игра/играть）=//игрок，S_1（экзамен/экзаменовать）=//зкзаменатор，S_2（экзамен/экзаменовать）= экзаменующийся，S_2（агрессия）= объект［агреси］，S_1（лекция）=//лектор，S_2（лекция）=//слушатель（Мельчук，1999：86）。根据 Мельчук 等给出的例证以及其他表述，笔者初步得出，Мельчук 等人对该词汇函数是这样取值的，即如果关键词 C_0 是名词，那么 S_i（C_0）的值通常是表示 C_0 所对应的情景意义的积极动词词位的第 i 个语义题元的典型名称，即该名词所对应的积极的全

义动词词位的第 i 个语义题元，请比较上面的例证。

与 Si 的下标的含义类似，第二类词汇函数 A_i、$Able_i$、$Qual_i$ 和第三类词汇函数 Oper、Func、Labor 的下标都表示关键词所示情景的积极全义人称动词的第 i 个句法题元，或第 i 个句法题元对应的语义题元。

2. S_c 语义状态元称名

C_0：动词、形容词、前置词、连词、一些副词，也包括抽象的名词（通常是由动词转化或形容词转化的）；意义具有情景性。

$f(C_0)$：名词

Мельчук 是这样解释词汇函数 S_c 的取值的，"S_c —— 情景的次要成分（Л. Теньер），如地点、工具、行为方式等的典型名称（$S_c \overset{2}{\rightarrow} C_0$）。在表层句法层，具体状态元符号（与题元符号相对）在情景名称旁发挥状语的功能——弱受支配成分（或附加成分）：在句子 'Вчера у Маши Иван продал Петру лыжи за 10 рублей' 中 'вчера' 和 'у Маши' 是 '卖' 这个具体情景 'продажа' 的具体状态元的符号"（Мельчук，1999：87）。

"S_{loc} —— 该情景所发生的地点的典型名称，……S_{instr} —— 在该情景中被使用的工具的典型名称，……S_{mod} —— 实现该情景的方式的典型名称，……S_{res} —— 该情景的结果的典型名称……"（Мельчук，1999：87）这里的该情景是指关键词所表示的那个情景。关于该词汇函数，Мельчук 给出了这样一些例子：

S_{loc}（битва，бой）= поле［битвы，боя］

S_{instr}（убеждать）=∥довод，аргумент

S_{mod}（писать）=∥почерк

S_{res}（копировать）=∥копия

S_{loc}（читать）=∥читательный зал，читальня

S_{instr}（помнить）=∥память

S_{mod}（руководить）= стиль［руководства］

S_{res}（лопаться）=∥трещина

当函数 S_c 以动词为关键词，而且 S_c 的词汇函数值是非黏合表达式时，能与 S_c 的表达式构成组合关系的不是关键词本身，而是关键词的异词类同义派生词，通常是 S_0。例如，S_{loc}（бороться）= арена，而 арена бороться 这样的组合是不正确的，应该是 арена борьбы（S_0（бороться））。

Мельчук 还强调，S_{loc}、S_{instr}、S_{mod}、S_{res} 的表达式经常和 S_0、S_1、S_2、S_3 的表达式在词汇外形上一致，例如，S_0（мыть）= мойка，S_{loc}（мыть）= мойка；S_0（зажигать）= зажигание，S_{instr}（зажигать）= зажигание；S_0（вышивать）= вышивание，S_{res}（вышивать）= вышивание；S_0（смазывать）= смазка，S_3（смазывать）= смазка；S_0（требовать）= требование，S_2（требовать）= требование.（Мельчук，1999：88）

3. A_i（i = 1，…，4）语义题元情景特征

C_0：名词、动词；意义具有情景性

f（C_0）：形容词或形容词性词组

"根据第 i 个题元在情景中的现实角色对它进行限定的典型的限定词"（Мельчук，1999：89）。也就是说，该词汇函数值是描写关键词所示情景的哪个语义题元在该情景中的典型特征、角色的形容词或形容词性词组。A_1 表示情景的主体在情景中的典型特征，A_2 表示情景的客体在情境中的典型特征。比如，Мельчук 所举的例子中，"усы（胡子）"的情景中，主体语义题元是留胡子的人，这类人在这个情景中就是"留胡子的"，即 A_1（усы）= с（усами），或者是усатый。"любить（喜爱）"这个情景中客体语义题元是被喜欢的人，那么对这个情景中的这类人的限定就是"被喜欢的"，用俄语表示是 любимый，因此，A_2（любить）=//любимый。"主动形动词和被动形动词是形成 A_1 和 A_2 的常规方式"（Мельчук，1999：89）。

A_1（очки）=//в очках

A_1（отдыхать）=//на отдыхе

A_2（отвращение）=//отвратительный

A_2（исполнять）=//в исполнении

4. $Able_i$（i = 1，…，4）语义题元潜在特征

C_0：名词、动词；意义具有情景性

f（C_0）：形容词或形容词性词组

"根据第 i 个题元在情景中的潜在角色对它进行限定的典型的限定词"（Мельчук，1999：89）。也就是说，该词汇函数值是描述关键词所示情景的哪个语义题元在该情境中具有的能力属性的形容词或形容词性词组。一般都具有

"能……的"或"易……的"意义元素。Able$_1$表示主体语义题元在情景中存在的能力属性，Able$_2$表示客体语义题元在情景中存在的能力属性。例如，在"изменяться（被改变）"的情景中，主体语义题元是被改变的对象，它在该情景中之所以具有这个"被改变的特征"，是因为具有潜在的能力"能被改变的"，用俄语词"изменчивый"表示，因此，Able$_1$（изменяться）= изменчивый。

Able$_1$（гнуться）= //гибкий

Able$_2$（гнуть）= //гибкий

Able$_1$（гореть）= //горючий

Able$_2$（прощать）= //простительный

5. Qual$_i$（i = 1，…，4）语义题元属性特征

C$_0$：名词、动词；意义具有情景性

f（C$_0$）：形容词或形容词性词组

原理论对该词汇函数的解释简单且难以理解，这里重新进行详细的表述。该词汇函数值是描述关键词所示情景哪个语义题元在该情境中具有某种能力属性的缘由特征的形容词或其他限定词。Qual$_1$表示该情景主体在情景中具有某种能力属性的缘由属性，Qual$_2$表示客体在情境中具有某种属性的缘由属性。譬如，在"пачкаться［об одежде］（被弄脏［指衣服］）"的情景中主体语义题元是被弄脏的东西，其能力属性就是"易被弄脏的"，即"маркий"，而容易被弄脏的东西具有的特征是"浅色的"，相应的俄语词是"светлый"，因此，Able$_1$（пачкаться）= //маркий；Qual$_1$（пачкаться）= //светлый. Мельчук（Мельчук，1999：89）。还列举了其他例子：

Able$_1$（вмещать много）= //вместительный，поместительный，ёмкий

Qual$_1$（вмещать много）= //просторный；большой

Able$_2$（слышать）= //слышимый

Qual$_2$（слышать）= //громкий

Able$_2$（понимать）= //понятный

Qual$_2$（понимать）= //естественный，очевидный［тезис，мысль］

通过对第二类词汇函数逐一细致的分析，笔者首先对这类词汇函数的关键词和词汇相关词作如下总结：①词汇相关词与关键词的语义题元存在某种联

系，词汇函数本身代表的意义大多数情况下要黏合关键词的意义，从而形成黏合词汇函数值，有时不能黏合关键词的意义，词汇函数值是非黏合的。②这类词汇函数的词汇函数值，即词汇相关词的词类是确定的，S_i、S_c 的函数值都是名词，A_i、$Able_i$、$Qual_i$ 的函数值都是形容词或其他限定词。关键词虽然在词类上没有限制，但是在语义上都代表某种情景或与某种情景相连的事物。3）该类词汇函数的关键词和相关词之间的词类大多数情况下不同，所以，在线性句子中，S_i、S_c、A_i 的词汇相关词不能直接与关键词替换，有些关键词借助其他成分可以与其词汇相关词进行替换，但 $Able_i$、$Qual_i$ 的词汇相关词与关键词之间很难替换。

除此之外，这里要对词汇函数 S_i、S_c 的一些具体特点进行补充分析。

S_i 指的是在关键词所指的具体情景中，扮演某种语义角色的一类事物的总体称名，而不是具体情景下作为某个语义题元的具体参与者的名称。例如，在 Иван продаёт Петру лыжи за 10 рублей 这个具体的语句中，Иван、Пётр、лыжи 和 10 рублей 是作为动词 продаёт 具体语义题元的事/人物的名称，但是在这个情景中承担 Иван 这个角色的一类人叫"卖东西的人"，在表层词汇中有对应的词，即 продавец 或 продающий，因此，S_1（продавать）= продавец/продающий，相应地 S_2、S_3、S_4 就是 покупатель、товар 和 цена。

同函数 S_i 一样，S_c 的值不是具体情景下作为某个状态元的具体参与者的名称，而是对关键词所示情景发生的那类地点、使用的那类工具、使用的那种行为方式的概括性称名。

（三）第三类

词汇函数代表词汇相关词与关键词通过情景的某个语义题元的名称形成句法组合关系，属于这类的函数有 Oper、Func、Labor。

1. $Oper_i$ 操作

C_0：名词

$f（C_0）$：动词

Мельчук 是这样解释 $Oper_1$，$Oper_2$ 的词汇函数值的："连接做主语的第一（第二）题元的名称和作第一补语的情景名称的动词。"（Мельчук，1999：95）根据这句话可知，这个词汇函数的值是动词；这个动词做谓语时，要求做主语的是第一个题元（或第二个题元），作第一补语的是情景名词。但还是很难判断这个词汇函数 $Oper_1$ 和 $Oper_2$ 如何取值。通过对例证的分析，笔者得出了关于该词汇函数含义及使用的一些具体内容。

（1）这个词汇函数的关键词 C_0 是什么样的词呢？是一个代表某个情景的名词，大多数情况是动名词。

（2）"作第一补语的情景名词"就是指这个情景名词，也就是关键词在 $Oper_1$（C_0）/$Oper_2$（C_0）作谓语的结构中作第一补语。

（3）"做主语的第一、第二题元"是指谁的第一、第二题元作主语？实际指表示关键词（如 контроль）所示情景的积极的全义动词（контролировать）的第一、第二句法题元作主语，在表层通常指主语和第一补语，在语义上通常指主体和直接客体。关键词所对应的积极全义动词有时候在一种自然语言中是不存在的，这时，就假设这个积极全义动词存在。究竟是哪个题元由下标标出，即"1"就是指表示关键词所指情景的积极全义动词的第一句法题元作主语，依此类推。

（4）最关键的一点，在注释中也没有提到，简要地用公式表示即：

"第一题元 + $Oper_1$（C_0）+ 情景名词"

"第二题元 + $Oper_2$（C_0）+ 情景名词"

"第一题元 + 情景全义动词 + 第二题元"

以上三个结构中前两个要和第三个表达同一个情景。

例如：

Военный прокурор флота Валерий Сучков ведёт контроль над расследованием уголовных дел этой категории. ⇔

Расследование уголовных дел этой категории находится под контролем военного прокурора флота Валерия Сучкова. ⇔

Военный прокурор флота Валерий Сучков контролирует расследование уголовных дел этой категории.

（5）该词汇函数的值 $Oper_1$（C_0）/$Oper_2$（C_0）是一个动词，而且是连接这两个成分的半虚义的动词，例如 вести、находиться。实际上，$Oper_1$（C_0）/$Oper_2$（C_0）+ 情景名词这个结构将表示该情景的独立的全义积极动词的意义拆分了，就是前文所说的拆分型结构和拆分型动词。

针对该词汇函数 Мельчук 还给出了下面的例子：

Oper$_1$（решение）= принимать

Oper$_2$（совет）= получать

Oper$_1$（мнение）= придерживаться

Oper$_2$（интерес）= вызывать

2. Func$_i$ 功能

C$_0$ 词类：名词

f（C$_0$）词类：动词

Func$_i$ 主要指 Func$_0$、Func$_1$、Func$_2$，Мельчук，是这样解释 Func$_1$、Func$_2$ 的词汇函数值的："有作主语的情景名词和作补语的题元的名称（如果有题元的话）的动词"（Мельчук，1999：94）。根据这句话可知，这个词汇函数的值是动词；这个动词作谓语时，要求作主语的是情景名词，作补语的是题元的名称。但还是很难判断词汇函数 Func$_0$、Func$_1$、Func$_2$ 如何取值。通过对例证的分析，笔者得出了关于该词汇函数含义及使用的一些具体内容。

（1）这个词汇函数的关键词 C$_0$ 是什么样的词呢？是一个代表某个情景的名词，比如 приказ。

（2）"作主语的情景名词"就是指这个情景名词 – 关键词在 Func$_0$（C$_0$）/Func$_1$（C$_0$）/Func$_2$（C$_0$）作谓语的结构中作主语。

（3）"作补语的题元"是指谁的题元作补语？实际指表示关键词（如 приказ）所示情景的积极的全义动词（приказывать）的句法题元，关键词所对应的积极全义动词有时在一种自然语言中是不存在的，这时，就假设这个积极全义动词存在。具体是哪个句法题元作补语，由下标标出。"1"表示积极全义动词的第一句法题元作补语，"2"表示积极全义动词的第二句法题元作补语，"0"表示没有补语。

（4）最关键的一点，在注释中也没有提到，简要地用公式表示即：

"情景名词 + Func$_1$（C$_0$）+ 第 1 题元"

"情景名词 + Func$_2$（C$_0$）+ 第 2 题元"

"情景名词 + Func$_0$（C$_0$）"

"第 1 题元 + 情景全义动词 + 第 2 题元"

以上前三个结构要和最后一个结构表达同一个情景。

（5）该词汇函数的值 Fun_0（C_0）/Fun_1（C_0）/Fun_2（C_0）是动词，而且是半虚义的动词，例如 стоять、идти 等。实际上，情景名词 + Fun_0（C_0）/Fun_1（C_0）/Fun_2（C_0）这个结构将表示该情景的独立的全义积极动词的意义拆分了。

Мельчук（Мельчук，1999：94）给出了下面的例子：

Fun_0（дождь）= идти

Fun_1（приказ）= исходить от

Fun_2（кара）= постигать

3. $Labor_{ij}$ 处置

C_0：名词

f（C_0）：动词

$Labor_{ij}$ 主要指 $Labor_{12}$，Мельчук 是这样解释 $Labor_{12}$ 的词汇函数值的："连接作主语的第一题元的名称、作第一补语的第二题元的名称和作第二补语的情景的名称的动词"（Мельчук，1999：94）。根据这句话可知，这个词汇函数的值是动词；这个动词作谓语时，要求作主语的是第一题元，作第一补语的是第二题元，作第二补语的是情景名称。但还是很难判断词汇函数 $Func_0$、$Func_1$、$Func_2$ 如何取值。通过对例证的分析，笔者得出了关于该词汇函数的含义及用法的一些具体内容。

（1）这个词汇函数的关键词 C_0 是什么样的词呢？是一个代表某个情景的名词，比如 наказание。

（2）"作第二补语的情景的名称"就是指这个情景名词 – 关键词在 $Labor_{12}$ 作谓语的结构中作第二补语。

（3）"作主语的第一题元的名称、作第一补语的第二题元的名称"是指谁的题元作主语和补语？实际指表示关键词（如 наказание）所示情景的积极的全义动词（наказывать）的句法题元，关键词所对应的积极全义动词有时在一种自然语言中是不存在的，这时就假设这个积极全义动词存在。具体是哪个句法题元作主语，哪个题元作补语，由下标标出。第一个下标表示主语的题元，第二个下标表示第一作补语的题元，下标"12"的意思就是，"1"表示积极全义动词的第一句法题元作主语，"2"表示积极全义动词的第二句法题元作第一补语。

（4）最关键的一点，在注释中也没有提到，简要地用公式表示即：

"第 1 题元 + $Labor_{12}$（C_0）+ 第 2 题元 + 情景名词"

"第 1 题元 + 情景全义动词 + 第 2 题元"

第一个结构要和第二个结构表达同一个情景。

（5）该词汇函数的值 $Labor_{12}$（C_0）是一个动词，而且是半虚义的动词，例如 подвергать 等。实际上，$Labor_{12}$（C_0）+ 情景名词这个结构将表示该情景的独立的全义积极动词的意义拆分了。Мельчук（Мельчук，1999：94）给出了下面的例子：

$Labor_{12}$（забота）= окружать

$Labor_{12}$（орден）= награждать

总结以上三个词汇函数，在《意义⇔文本》模式理论中，为了简化，只研究不多于两个配位的动词表示的情景，因此，这三个词汇函数的下标的数字不会大于 2，而且，$Oper_0$、$Labor_0$ 的值是无人称动词，$Labor_{21}$ 只有很少的自变量，这三个词汇函数都不在研究的范围。

通过对第三类词汇函数逐一细致的分析，笔者首先对这类词汇函数的关键词和词汇相关词作如下总结：①词汇相关词与作为关键词所示情景的具体语义题元的事物名称有句法关系，因此，相关词不黏合关键词的意义；②关键词都是表示情景的名词，相关词都是半虚义动词，并且相关词和关键词在句法上具有主从关系。

除此之外，要强调 Oper、Func、Labor 的词义特点及在线性结构中的主要功能。同时，根据关键词、相关词及某个情景题元的名称形成的句法结构及它们之间的意义联系可以确定词汇函数值的概括性意义和相关句法结构的概括性意义。

$Oper_i$、Fun_i、$Labor_{ij}$这三个函数的值与表示情景的名词关键词组合的词组都可以替换表示该情景的独立动词。在这样的词组中，名词承载了所需要的大部分词汇意义，而 $Oper_i$、$Func_i$、$Labor_{ij}$的值在完整的表述中主要承担词法和句法功能，表达时间和式的意义，因此，这样的动词也称为半虚化动词。因为利用这类词汇函数值拆分了表示这个情景的独立动词的词汇意义和句法意义，所以也称这几个词汇函数为拆分词汇函数。

例如，"$Oper_i$与关键词的组合构成一种分析型组合动词"（薛恩奎，

2006c：147）。在该类动词与情景名词组成的词组中，"$Oper_i$主要体现时、体、式、态等语法范畴意义"（薛恩奎，2006c：148），完成一定的句法功能，不显示本身具有的实在意义，"只表示一种宽泛的'作为'意义"（薛恩奎，2006c：145），整个词组的词汇意义重心落在情景名词上。譬如，"читать доклад"相当于"докладывать"，"читать"负责显示时、式的意义，并起到句法占位的作用，而"доклад"显示大部分词汇意义，而"докладывать"把所有的"责任"集于一身。这种组合的出现丰富了言语表达，适应了不同功能语体的要求。

尽管这些词汇函数值主要承担表达语法意义的任务，但是这些词汇函数的词汇函数值与关键词之间在意义组合上也有一定的规律，它们的组合具有一定的概括性意义，其中，词汇函数值的意义也有一定的规律。例如：

（1）主体语义题元名称 + 动词 $Oper_1$（C_0）+ 情景名词（C_0）= 主语 + 谓语 + 第一补语。

在该结构中，$Oper_1$ 的词汇函数值的概括性意义是"进行、做"，结构的概括性意义为："具体的主体进行 C_0 表示的某事"。

（2）客体语义题元名称 + 动词 $Oper_2$（C_0）+ 情景名词（C_0）= 主语 + 谓语 + 第一补语。

在该结构中，$Oper_2$ 的词汇函数值的概括性意义是"受到……，被……，获得……"，整个结构："具体客体受到……"。

（3）情景名词（C_0）+ 动词 Fun_0（C_0）= 主语 + 谓语。

在该结构中，$Func_0$ 的概括性意义为"情景发挥功能"，即"情景的特征正在显现"，$C_0 + Func_0$ 的概括性意义为"情景事件正在发生、存在"。

（4）情景名词（C_0）+ 动词 Fun_1（C_0）+ 主体语义题元名称 = 主语 + 谓语 + 第一补语。

当 C_0 表示对别人产生一定影响的表述、决定、意愿等积极行为时，$Func_1$（S_0（C_0））具有"源自于、属于"的概括性意义；当 C_0 表示主体的身体、心理、情感等的状态时，$Func_1$（S_0（C_0））有"影响、袭击"等意义。结构的概括性意义为"情景事件源自于主体"。

（5）情景名词（C_0）+ 动词 Fun_2（C_0）+ 客体语义题元名称 = 主语 + 谓语 + 第一补语。

在该结构中，$Func_2$ 的概括性意义是"指向（谁）""在谁那儿"或"对（谁）发挥作用"，结构的概括性意义为："情景事物/动作指向……（客体）"。

（6）主体名称 + 动词 $Labor_{12}$（C_0）+ 客体名称 + 情景名词（C_0）= 主语 + 谓语 + 第一补语 + 第二补语。

该结构的概括性意义为："主体使客体处于情景（的处理）中"。

（7）客体名称 + 动词 $Labor_{21}$（C_0）+ 主体名称 + 情景名词（C_0）= 主语 + 谓语 + 第一补语 + 第二补语。

该结构的概括性意义为："客体使主体处于情景事件（的处理）中"。

这些结构中的 $Oper_i$（Fun_i，$Labor_{ij}$）的值在现实的词汇中可能表现为不尽相同的具体意义，这里只是为了提示意义的大致范围。

对于动词谓语而言，主语即第一句法题元，第一补语即第二句法题元。这里遵循对 $Oper_i$、Fun_i、$Labor_{ij}$ 的解释，都用表层的术语——主语、补语。

（四）第四类

词汇函数代表与关键词的整体意义有关的某种意义增量，如 Centr、Sing、Mult、Incep、Cont、Fin、Result、Caus、Perm、Liqu、Imper、Perf。

1. Centr 中心

C_0 词类：名词；具有空间或时间范畴意义

f（C_0）词类：名词

该词汇函数值是物体或过程的中心部分的典型的概括性的称名词。补充说明一点，对于实体物体而言，指对该物体空间上的中心点的称名；对于过程而言，指对该过程在时间上的中心点的称名；对于具有程度特征的抽象事物而言，指该事物最高程度的称名。

Centr（бой）= разгар

Centr（мастерство）= верх

2. Sing 单量

C_0：名词、动词

f（C_0）：名词、动词

该词汇函数值表示对关键词所指实体、动作、过程等进行单数量化的词。Апресян（Апресян，1971）用 Squant 这个符号表示词汇函数 Sing。针对该词

汇函数 Мельчук 给出的例子有：

Sing（мак）= зерно

Sing（дождь）= капли；струи

Sing（гнев）= приступ

3. Mult 集合

C_0：名词

$f（C_0）$：名词

该词汇函数值表示关键词所指客体的集合体的名称。如：

Mult（рыба）= косяк

Mult（корабль）= //флот

人们对具有时间长度特性的事件具有普遍的阶段性认识，即一个事件一般在语言世界图景中都分为"开始""继续""结束"三个阶段。《意义⇔文本》模式理论为具有这三类时间特性的动词分别引入了词汇函数 Incep（开始）、Cont（继续）、Fin（结束）。Мельчук（Мельчук，1999：96）指出，这三个词汇函数之间的意义关系是这样的：Cont = не Incep не，Fin = Incep не。这三个词汇函数经常和其他简单词汇函数一起组成复合词汇函数。补充一点，如果这三个词汇函数的关键词是动词，那么关键词和词汇函数值表示的动作的主体都是同一个主体。如果关键词是名词，那么表示这个名词是未来表层的主语。

4 ~ 6. Incep、Cont、Fin

C_0：名词、动词；C_0 表示的情景、动作、事件具有时段特性。

$f（C_0）$：动词

4. Incep 开始

该词汇函数值表示关键词表示的情景、动作开始的行为、动作。

Incep（дружить）= //подружиться

Incep（спать）= //засыпать

Incep（жить[2]）= //селиться

Incep（ходить）= // заходить

Incep（идти）= // пойти

5. Cont 持续

该词汇函数值表示关键词表示的情景、动作持续进行的行为、动作。

ContOper$_1$（спокойствие）= сохранять

ContOper$_1$（пост）= оставаться на

这个词汇函数基本上不单独使用，经常与其他词汇函数组成复合词汇函数。因为，如果单独使用，在俄语中，这个词汇函数的值几乎只有一个非黏合表达式，即 продолжать。

6. Fin 停止

该词汇函数值表示关键词所指情景、动作停止存在的行为、动作。

Fin（помнить）= //забывать

Fin（спать）= //просыпаться，пробуждаться

Fin（жить^1）= //умирать

Fin（жить^2［проживать］）= //уезжать，выезжать

以下三个词汇函数 Caus、Perm、Liqu 是同族的，它们都表示与关键词所示情景的建立或毁坏有关的行为。这里，没有下标的词汇函数的值表示非情景参与者的行为，而带下标的词汇函数的值表示相应的语义题元的行为，带下标"1"的词汇函数的值表示情景具体的主体语义题元的动作，带下标"2"的词汇函数的值表示情景具体的客体语义题元的动作。这三个词汇函数经常与 Oper、Func 和 Labor 组成复合词汇函数。

7. Caus 使役行为

C$_0$：名词、动词

f（C$_0$）：动词

C$_0$ 表示通过人为力量等外部因素而存在、产生、发生的事物或某种情景。

该词汇函数值表示情景的外部因素或者情景的某个语义题元使相关情景或事物存在、发生时所做的动作。"Caus"本身代表"做使……"的概括性意义，具体地说，代表"使 C$_0$ 表示的事物或情景产生（存在、发生）、继续、完成"的意义，因此，Мельчук（Мельчук，1999：95）指出，实际上这个词汇函数符号应该和 Incep、Cont、Fin 组成复合函数，表示所述的变化的意义，即 CausIncep、CausCont、CausFin，但在《意义⇔文本》模式理论中约定把 CausIncep 简写成 Caus，即 Caus 代表"做使……开始"。

Caus（сквер）= разбивать

Caus（школа）= открывать

Caus（свитер）= вязать

Caus（спать）= //усыплять，убаюкивать

Caus（соглашаться）= //убеждать，уговаривать

带下标的 Caus 经常和其他词汇函数符号组成复合词汇函数。例如：

$Caus_1 Func_1$（засада）= устраивать。

8. Perm 允许

C_0：名词、动词；表示在一定条件允许下发生的事件、行为。

$f（C_0）$：动词

该词汇函数值表示关键词所示情景的外部因素或情景的某个语义题元允许关键词所指情景、动作发生的行为、动作。

Perm（высказываться，выступать）= //предоставлять слово

Perm（въезд）= разрешать

Perm（пройти）= позволять，давать；//пропускать

与 Caus 相似，Perm 也是 PermIncep 的缩写形式，表示允许某种动作的开始。Мельчук 指出，Perm 与 Caus 的关系就像英语中的 let 和 make 的关系一样。通俗地讲，Perm 表示"允许某种事件、行为开始存在"，而 Caus 表示"使某种事件、行为开始存在"。

带下标的 Perm 经常和其他词汇函数符号组成复合词汇函数。例如：

$Perm_1 Fact$（гнев）= давать выход［своему гневу］

$Perm_2 Func_2$（оскорбление）= терпеть，сносить

9. Liqu 取消

C_0：名词、动词

$f（C_0）$：动词

该词汇函数值表示关键词所示情景的外部因素或情景的某个语义题元使关键词所指事物、行为停止存在的行为、动作。具有"取消、破坏使……不存在"的概括性意义。

Liqu（спать）= //будить

Liqu（полагать）= //разубеждать

带下标的 Liqu 经常和其他函数符号组成复合词汇函数。例如：

$Liqu_1 Labor_{12}$（память）= вычеркивать［из...，обязательно из своей］

Мельчук 指出，Caus、Perm、Liqu 这三个函数的意义关系可以这样表示：Liqu = Caus не，Perm = не Caus не。（Мельчук，1999：96）

10. Perf 完结

C_0：未完成体动词（动名词）；表示具有自然边界的动作、行为、事件。

$f（C_0）$：完成体动词（动名词）

为阐明 одеваться — одеться、ломать — сломать、умирать — умереть、выковыривать — выковырять 的意义关系，《意义⇔文本》模式理论引入了 Perf 这个词汇函数。该函数符号代表"行为完成"的概括性意义，该词汇函数的值是对关键词所指行为、动作达到自身边界时的称名。（Мельчук，1999：96）

该词汇函数符号代表的意义必须和关键词的意义黏合，其词汇函数值是动词关键词的完成体形式。

S_0（умирать）= умирание

S_0Perf（умирать）= смерть

S_0（разбирать）［он разбирал］= разбор[1]

S_0Perf（разбирать）［он разобрал］= разбор[2]

S_{res}（разбирать）= разбор[3]

S_0Perf（уставать）= усталость

S_1Perf（побеждать）= победитель

11. Imper 命令语气

C_0：动词（偶尔动名词）

$f（C_0）$：表示命令的熟语

该词汇函数的概括性意义是"命令"，具体地说，该词汇函数值是交往中要求对方实施关键词表示的动作、行为时所使用的非常规的命令性词或词组。Imper 通常的表达式是动词的命令式，而这里的表达式是在特定的语境下使用的约定俗成的命令性词或词组。

Imper（уходить）=//брысь！| кошке；кыш！| птицам；вон！

Imper（вставать Ⅱ）=//подъём！| в армии и т. п.

Imper（не шуметь）=//тихо！，тише！，тс-с-с，тш-ш-ш！，ш-ш-ш！

Imper（идти）＝//шагом марш！| в армии；нн-но！| лошади

Imper（спать）＝//баю-бай, башкиваю！| детям и т. п.

12. Result 结果状态

C_0：未完成体动词（动名词）；表示非状态性的动作、行为

$f（C_0）$：完成体动词（动名词）

该词汇函数值表示关键词所示动作、行为结束后存在的积极状态。

Result 与 Perf 一样，其代表的意义在俄语中没有独立的表达式，只能同关键词的意义黏合，构成新的意义，由新的词表示。逻辑上从 Perf 能得出 Result，但反方向行不通，简单表示为：Perf（C_0）⇒Result（C_0），即一种动作、行为的完成可以自然导致某种结果状态的出现，但某种状态的存在不一定是一种行为引起的。（Мельчук，1999：97）

Perf（ложиться）＝//лечь

Result（ложиться）＝//лежать

Perf（вставать）＝//встать

Result（вставать）＝//стоять

Perf（учиться）＝//научиться

Result（учиться）＝//уметь

Perf（покупать）＝//купить

Result（покупать）＝//иметь

Perf（получать（в подарок））＝//получить（в подарок）

Result（получать（в подарок））＝//иметь

通过对第四类词汇函数逐一细致的分析，笔者首先对这类词汇函数的关键词和词汇相关词作如下总结：①该类词汇函数表示一种意义增量，而且与关键词的整体意义产生关系，所以，如果意义增量在语言中有单独的词汇表达，那么相关词不黏合关键词的意义，如果没有，就黏合关键词的意义。②这组词的关键词基本上都是名词或动词。Center、Sing、Mult 的相关词是名词，而 Incep、Cont、Fin、Caus、Perm、Liqu、Result、Imper、Perf 的相关词是动词。③Center、Sing、Mult 相关词的意义如果黏合关键词的意义，无论关键词是动词还是名词，相关词与关键词的词类都是一样的，但句法上的替换会很复杂，因为有个意义增量。如果相关词的意义不黏合关键词的意义，相关词和关键词

在句法上基本都是组合关系。

除此之外，这里要对某些词汇函数的一些具体特点、某些词汇函数之间的联系进行补充分析。

1）Mult 的民族性

Мельчук 对该函数所代表的意义关系解释得比较简单，这里再补充说明一下。一般情况，这里所说的量化标准是事物、动作、过程本身具有的朴素、自然的、典型的量化标准，是一个民族对事物本身的认识在语言中的反映，是不借助任何外物为工具的量化标准，比如，对于关键词"水"，我们可以说"一桶水""一杯水"，但只有"一滴水"才是对自然状态下事物的量化。当然，这个量化标准是全民族普遍认识的结果，是约定俗成的。另外，这种量化对于名词而言，可以指可数名词，也可以指不可数名词。

同时，量词的多少以及量词与关键词的黏合性都具有民族特点，俄语与汉语比较，俄语的单数量词很少，而且，量化意义和关键词黏合成一个词的情况很多，如，Sing（смотреть）= взглянуть。汉语中量词数量很多且很细化，这是众所周知的，如一头牛、一只羊、一条狗、一只猫等，这些在语义上一般也都是约定俗成的。而且，量化意义一般和关键词之间不会黏合在一起，而由单独的词表示。

2）Fin 与 Perf 所代表的意义的区别

Мельчук 并没有详细说明 Fin 这个词汇函数的意义，这里需要强调一下，与词汇函数 Perf 相比，这个 Fin 不是指动作本身过程的完结，而是指关键词所称名的动作本身性质不再存在，即关键词表示的情景的结束，意味着另一种性质的动作的开始。

3）对 Perf 的补充说明

词汇函数的意义可能体现在前缀 с、по 上，也可能体现在与完成体不同的后缀上，无论哪种情况，这个函数值一定是黏合性的，而且关键词一定是未完成体，但不是所有的未完成体，因为能够表示"行为完成"意义的完成体形式也是有限的。当然，不是所有的完成体形式都表示 Perf 的意义，也不是具有 Perf 意义的完成体形式只具有单独这一个意义。由于要考虑词汇意义和体、时等词法意义，未完成体和完成体的意义区别变得很复杂，这里提到的只是体的完结性意义。

4）对 Caus 的补充说明

针对不同类型关键词，Caus 代表的内容有些细微差别，针对动作而言，Caus 表示某种外部力量使关键词表示的动作开始，具有"做使……开始"的概括性意义。例如，Caus（спать）= // усыплять，убаюкивать；而针对表示事物的名词而言，Caus 表示某种外部力量使关键词表示的事物开始存在，具有"做使……开始存在"的概括性意义。

（五）第五类

词汇函数代表与关键词所指事物的属性、特征、功能等有关的概括性意义，如 Ver、Bon、$Magn_i$、Loc、copul、$Fact^j$ $Real^j_{12}$、$Prepar^j$、Degrad、Son。

1. $Magn_0$，$Magn_i$（i = 1，…，4）极端特征

C_0：名词、动词；具有情景性

f（C_0）：形容词或形容词性词组、副词或副词性词组

$Magn_0$ 的词汇函数值是描述情景本身"最高阶段""最高强度"等极端特征的修饰性词，如果关键词是名词或名词性词组，那么，$Magn_0$ 的值是形容词或形容词性词组，如果关键词是动词或动词性词组，那么，$Magn_0$ 的值是副词或副词性词组。

$Magn_i$（i = 1，…，4）的值是以哪个语义题元的某种特征形容情景"最高阶段""最高强度"等极端特征的修饰性词。例如，"признание（赞扬）"的情景，从赞扬的人的角度形容情景的最高程度特征，就是"全体的、大多数的、普遍的"，即俄语"всеобщее"，因此，$Magn_1$（признание）= всеобщее；在"обыски（搜查）"这个情景中，如果从被搜查对象的角度形容搜查的彻底性，就用"повальные（挨家挨户的）"，因此，$Magn_2$（обыски）= повальные。一般来讲，$Magn_0$ 更常用。

$Magn_0$（обыск）= тщательный，продолжительный

$Magn_0$（кричать）= громко，изо всех сил，во всё горло

$Magn_0$（молчание）= абсолютное，полное；гробовое

$Magn_0$（спать）= крепко，как убитый，без задних ног，богатырским сном，мёртвым сном，сном праведника/младенца

$Magn_0$（признание I［художника，гипотезы］）= полное

2. Ver 规范特征

C_0：名词、动词；事物或动作具有某种性质或特征

f（C_0）：形容词或形容词性词组、副词或副词性词组

该词汇函数值是描写关键词所指事物或行为本身职能要求应有的、正常的或真实的特征或性能的修饰性词，对于名词或名词词组而言，函数值是形容词或形容词性词组，对于动词而言，函数值是副词或副词性词组。关键词和词汇相关词之间的意义关系一般可以通过这样的程式化句子表现出来：C_0 应该是 Ver（C_0）。

Ver（догадка）= верная，правильная

Ver（вывод）= обоснованный

Ver（предложения）= рационализаторские

Ver（приговор）= справедливый

Ver（вести себя［о детях］）= как следует，хорошо

Ver（требование）= законное

3. Bon 优良特征

C_0：名词或名词性词组、动词或动词性词组；具有某种性质的事物或动作

f（C_0）：形容词或形容词性词组、副词或副词性词组

该词汇函数值是描写比关键词表示的事物或行为应有的特征和性能额外好一些的特征和性质的修饰性词，与上一个词汇函数一样，包括形容词和形容性词组、副词或副词性词组。

Bon（учебное заведение）= первоклассное

Bon（влияние）= благотворное

Bon（случайность）= счастливая

Bon（предложение[1]）= заманчивое

4. Loc 定位

C_0：名词

f（C_0）：前置词或关键词的间接格形态

该词汇函数值是以关键词表示的事物为坐标对其他事物进行典型的时间、空间定位时采用的词或语法形式。在俄语中通常是前置词，有时是依附在关键词本身之上的有意义的词法单位/范畴，如"на""в"、名词五格；在汉语中

是介词，如"在……里""去……"。现实中的定位整体上对应三类定位虚词：

Loc$_{in}$——静态定位虚词，表示在某个地点内/上。

Loc$_{ad}$——"接近"定位虚词，表示接近某个地点。

Loc$_{ab}$——"远离"定位虚词，表示远离某个地点。

对于空间定位，在关键词所指事物发挥正常用途、具有正常性质的情况下，其他事物以其为坐标定位时，采用静态定位虚词，如俄语中空间前置词 в + 六格名词；把关键词表示的事物看成一个点，其他事物以其为坐标不断向其方向运动时，采用典型的"接近"定位虚词，如俄语中空间前置词 в + 四格；把关键词表示的事物看成一个点，其他事物以其为坐标不断远离坐标点时，采用典型的"远离"定位虚词，如俄语中空间前置词 из + 二格。后两个定位虚词表示动态的定位。

Loc$_{in}$（метро）= на（ + S$_{предл}$）

Loc$_{ad}$（магазин）= в（ + S$_{вин}$）

Loc$_{ab}$（завод）= с（ + S$_{род}$）

Мельчук 对该词汇函数的三个变体的解释主要是针对空间定位而言的。对于时间定位，只是在解释词汇函数代表的意义时提到该词汇函数也表示时间定位，在例证中指出了以关键词表示的事物进行静态时间定位的例子，而没有指出以关键词所指事物进行"接近"和"远离"的时间定位的例子，也没有相关的解释。

Мельчук（Мельчук，1999：91）指出，如果这三种定位词之间存在有规律的对应性，即对于同一个关键词，指出其中一种定位虚词，其他两个定位虚词有固定的对应，这时，只需要指出其中一个定位虚词就足够了，例如，对于空间定位，如果 Loc$_{in}$ = в + S$_{предл}$，那么，Loc$_{ad}$ = в + S$_{вин}$，Loc$_{ab}$ = из + S$_{род}$，这时，通常只指出 Loc$_{in}$ 就足够了。

Мельчук 强调，典型定位是指，从关键词所指事物具有的典型的特性和用途角度出发，以该事物为坐标，对其他事物进行的定位。例如，物体（предмет）或事物（вещество），一般可以说 в тазу、на тазе、под тазом、за тазом、у таза，但是，相对于"盆"这个专门的承载物而言，东西主要的、固有的位置是在盆里面；所以 Loc$_{in}$（таз Ⅰ）= в + S$_{предл 2}$。这里指的是空间静态定位。

定位词汇函数的值有时并非一个，例如 Loc_{in}（снег）＝ в［снегу］，на［снегу］；Loc_{in}（эта неделя）＝ в［эту неделю］，на［этой неделе］；Loc_{in}（сердце）＝ в［сердце］，на［сердце］，而且，两个定位虚词的意义也是不同的。Мельчук 提出，当该词汇函数的不同值的意义有差别的时候应该求助于语义标注，例如，Loc_{in}（снег）＝ в［＋$S_{предл\,2}$：внутри］；на［＋$S_{предл\,2}$：на верхности］。

5. $Fact^j$ 被实现

C_0：名词；意义中包含某种要求

f（C_0）：动词

这个词汇函数指实现包含在词 C_0 意义中的"要求"。概括性意义是"被实现""被完成"。Мельчук 指出，这种要求可以是显性的，如 приказ、совет、приглашение；可以是隐性的，如 экзамен（要求展现出知识）、искушение（要求屈从诱惑）、препятствие（要求停止正在做的事情）。上标的罗马数字表示实现要求的阶段，小数字表示初级阶段，如 $Fact^{I}$（капкан）＝ рабатывать，$Fact^{II}$（капкан）＝ поймать；$Fact^{I}$（чувство Ⅱ）$Fact^{II}$＝ говорить，подсказывать，$Fact^{II}$（чувствоⅡ）＝ заставлять，не позволять（не）.（Мельчук，1999：97）

Fact（опасения；подозрения）＝ оправдаться，подтверждаться

Fact（испытания）＝ проходить успешно

Fact（искушение）＝ брать верх

Fact（мечты，надежды）＝ сбываться

6. $Real^j_{1,2}$ 使实现

C_0：名词

f（C_0）：完成体动词（动名词）

C_0 是意义中包含某种要求、希望、建议等意义的名词，换句话说，这些名词表示本身要求或期待对方做出某种回应性行为。那么，$Real^j_{1,2}$ 的值表示的就是所做的合适的行为。

该词汇函数值的概括性意义是"实现""完成"（包含在关键词意义中的要求）。上标同样表示的是"完成"的阶段。而下标表示执行要求的关键词所示情景的哪个语义题元。（Мельчук，1999：97）例如，"邀请（приглашение）"

这件事要求被邀请人同意，即接受邀请并继而履行诺言，因此，Real_2^{I}（приглашение）= принимать，$\text{Real}_2^{\text{II}}$（приглашение）= следовать.

Real_1^{I}（долг II［денежный］）= признавать

$\text{Real}_1^{\text{II}}$（долг II［денежный］）= платить，возвращать，погашать

Real_2^{I}（приглашение）= принимать

$\text{Real}_2^{\text{II}}$（приглашение）= следовать，воспользоваться

Real_2^{I}（совет）= принимать

$\text{Real}_2^{\text{II}}$（совет）= следовать，выполнять

Real_2^{I}（предложение^1）= одобрять，принимать，соглашаться с

$\text{Real}_2^{\text{II}}$（предложение^1）= следовать，выполнять，проводить в жизнь

7. Prepar^{j} 准备

C_0：名词（具有某种职能、功能的事物）

$\text{f}(\text{C}_0)$：动词或动词性词组

该词汇函数的概括性意义是"为……做准备"，具体地说，该词汇函数值表示为使关键词代表的事物发挥本身自然的功能，外部因素对其所做的准备动作、行为，上标表示准备过程的某个阶段。例如，枪（ружьё）要发挥其正常功能（开火）之前要"给枪装弹（заражать）""扳动扳机（взводить курок）"，因此，Prepar^1（ружьё）= заряжать，Prepar^2（ружьё）= взводить курок. 另如：

Prepar^1（кофе）= варить，Prepar^2（кофе）= подавать（на стол）

Prepar^1（патефон）= заводить，Prepar^2（патефон）= ставить пластинку на

Prepar^1（войска）= приводить в боевую готовность，Prepar^2（войска）= выводить на исходные позиции

8. Degrad 自身损坏

C_0：名词（有一定使用寿命和使用质量要求的物品）

$\text{f}(\text{C}_0)$：动词或动词性词组

Мельчук 指出，Degrad = IncepPredAntiVer 或者 Degrad = IncepPejor，也就是说词汇函数的概括性意义是"被破坏""开始是不应该的状态了""开始变得不好"等。（Мельчук，1999：98）具体地说，该词汇函数值表示关键词代表的事物本身质量或功能被破坏的行为、动作。一般，在表层句法结构中关键词 + 表达式 = 主语 + 谓语。

Degrad（сапоги）= изнашиваться

Degrad（хлеб）= плесневеть

Degrad（молоко）= скисать

9. Son 典型声响

C_0：名词（能够发出某种典型声响的事物）

$f（C_0）$：拟声动词或拟声词

该词汇函数表示关键词所指事物发出的典型声音，词汇函数值或者是表示该事物发出典型声音的动作的动词，或者是表示该事物发出的典型声音的拟声词。如果词汇函数值是动词，关键词和词汇相关词在表层句法结构中是主谓关系。

Son（телефон）= звонить

Son（листва）= шелестеть

Son（овца）= блеять；бе-е-е

Son（курица）= кудахтать；куд-куда，кудах-тах-тах

Son（снег）= скрипеть

通过对第五类词汇函数逐一细致的分析，笔者首先对这类词汇函数的关键词和词汇相关词进行如下总结：①词汇函数表示与关键词所指事物的属性、特征等有关的概括性意义，所以词汇相关词不黏合关键词的意义。②这类关键词在语义上是具有某种共同特征的一类词。例如"意义中包含某种要求""具有某种使用寿命的事物"等。③Ver、Bon、$Magn_i$ 的关键词如果是名词或名词性词组，相关词就是形容词或形容词性词组，如果关键词是动词，相关词就是副词或副词性词组。$Fact^j$、$Real^j_{12}$、$Prepar^j$、Degrad、Son、Loc 的关键词是名词，而词汇函数值是非名词，主要是动词，还有前置词和拟声词等。④这类词汇函数的关键词和词汇相关词在表层基本都是组合关系，譬如，Ver、Bon、$Magn_i$ 的关键词和词汇相关词之间是限定关系，而 $Fact^j$、$Real^j_{12}$、$Prepar^j$、Degrad、Son——主要是从属关系，但是也有一些例外的情况：

对 $Fact^j$ 而言，表示实现要求的动作的动词与关键词之间在表层句法结构中的关系大多数情况下是：关键词 + 词汇相关词 = 主语 + 谓语，如 мечты сбываюсь；чувство говорит；但少数关键词与词汇函数值之间不是主谓关系，而且，严格地说，在词汇－句法层面并未构成严格的熟语性搭配关系，只是在语义上可以相连，如 капкан 和 поймать 之间的搭配关系体现在这样的句子中：

Он не хотел испортить её дорогой мех и твёрдо решил поймать зверя капканом.

对 Prepar^j 而言，有些词汇函数值与关键词在表层上也可能没有直接的组合关系，例如，ружьё（枪）与 взводить курок（扳动扳机）之间只是有某种隐含的关系。

除此之外，这里要对某些词汇函数的一些具体特点、某些词汇函数之间的联系进行补充分析。

1）Real_i^j 与 Oper_i 下标意义的区别

Real_i^j 下标"i"与 Oper_i，Func_i 等词汇函数的下标有些不同。对于一个关键词而言，Oper_i 的下标可以是"1""2""0"，分别代表不同的意义关系。而对于 Real_i^j 而言，因为实现关键词意义中所含要求的主体是固定的，也就是说，是关键词所示情景中某个固定的语义题元来实现这个要求，因此，关键词确定了，情景就确定了，词汇函数下标也就确定了。

2）Prepar^j 意义的社会约定性和民族性

关于词汇函数 Prepar^j，我们要说明的是：某个事物发挥其功能前的准备过程是个社会性过程，不是自然过程，对其划分具有一定的民族性和约定性。例如，在喝咖啡之前，首先冲咖啡，然后可以没有把咖啡放到桌子上的过程，而直接送到喝咖啡人的手中等。笔者认为，这里对准备过程的划分是这种语言的持有者约定俗成的划分，答案可以不是唯一的。

至此，我们引入了具有广泛搭配性的相当抽象的词汇函数。除此之外，还有一系列更加具体的词汇函数，它们只是为了相对较窄的一些词汇组合而确定的，因此更像非标准词汇函数。下面将介绍一些非标准词汇函数。

二、简单非标准词汇函数清单

1. Copul 系动词

C_0：名词，形容词

f（C_0）：动词

Copul 没有丰富的词汇函数值，严格地说，它不应该列在标准词汇函数中。该词汇函数值一般在表层句法层充当系词谓语，关键词主要是名词和形容词，Copul（C_0）+ C_0 的意义是"是什么样的人/物、是什么样的"。引入 Copul 主要是希望创建 Copul（C_0）+ C_0 这样的形式，因为这个形式可以转化为独立的动词，然后在独立动词的基础上再向其他形式转换。因此，在这个表达式的基础上可以运用适合于动词的所有转换。例如，如果有这样的规则：Он нападал⇒ Он совершал нападения，那么，要在 Он был преступником（＝Copul + преступник）的基础上获得 Он совершал преступления，需要把 был преступником（＝Copul + преступник）转化为一个独立的动词，这里是人造的动词 * преступал。即：Он был преступником（＝Copul + преступник）⇒ он * преступал ⇒ он совершил преступление。（Мельчук，1999：91 – 92）

2. Destr 侵犯、伤害

C_0：名词（有破坏其他事物这种功能和特点的物体或生物）

f（C_0）：动词

这个词汇函数是 Э. И. Королев 和 К. О. Эрастов（Королев，Эрастов，1968：29 – 30）提出的，其概括性意义是"破坏"。（Мельчук，1999：99）词汇函数值表示关键词所指的物体或生物对其他物体或生物进行的典型的破坏动作、行为。

Destr（корова）= бодать

Destr（блоха）= кусать

Destr（оса）= жалить

Destr（автомобиль）= давить

Destr（болото）= засасывать

3. Cap 领导

C_0：表示某种机构、组织的名词

f（C_0）：名词

该词汇函数值是关键词所指的机构或组织的领导的职务名称。

Cap（факультет）= декан

Cap（университет）= ректор

Cap（кафедра）= заведующий

Cap（собор）= настоятель

4. Equip 成员集合

C_0：表示某种场所、组织的名词

f（C_0）：名词

该词汇函数值是对关键词所指场所、组织范围内的全体人员的总体称名。

Equip（танк）= экипаж

Equip（театр）= труппа

Equip（государство）= население

5. Doc 文书

C_0：动词、名词

f（C_0）：名词

该词汇函数是 Апресян（Апресян，1971）提出的。该词汇函数值是各种文书的名称。Мельчук（Мельчук，1999：99）指出，该函数有三种类型。

Doc_{res}结果文书，该词汇函数值是作为关键词所指行为的结果的文书的名称。

Doc_{res}（отчитываться）= отчёт

Doc_{res}（жаловаться）= жалоба

Doc_{res}（просить）= просьба

Doc_{perm}权利证书，该词汇函数值是允许某种行为发生的证件的名称。关键词经常表示被允许的行为，或者被允许使用的事物。

$Doc_{perm}Oper_2$（поезд）=（проездной）билет

$Doc_{perm}Oper_1$（автомобиль）=（водительские）права

Doc_{perm}（входить）= пропуск

Doc_{cert}证明文书，该词汇函数值是证明关键词表示的行为、事件、身份等事实的文书名称。

свидетельство о браке

диплом о высшем образовании

6. Attr 典型换喻

C_0：名词

f（C₀）：名词

该词汇函数值是关键词所指事物的典型换喻词，"特征换喻词词汇函数
Attr 利用关键词 C₀ 在某一方面的特征来表示关键词 C₀ 的意思"（薛恩奎
2006c：161），笔者认为，该词汇函数值也可以理解为表示与关键词所指事物
有必然联系并能代表它的客观事物。

Attr（шофёр）=∥баранка

Attr（офицер）=∥погоны

Attr（продавец）=∥прилавок

Attr（учащийся，школьник）=∥парта

Attr（брак¹ ［женитьба］）=∥венец，аналой；обручальное кольцо；загс

Attr（актёр）=∥сцена

三、简单词汇函数小结

（一）根据词汇函数符号的内容，本书将简单标准词汇函数重新分为五
类，各类词汇函数在符号代表的内容、关键词和词汇相关词之间意义的黏合
性、关键词和相关词的词类特点及相互对应性、关键词和相关词的句法替换性
等方面都具有各自的特点，而且，这几方面有一定的联系。

（二）更加明确具体地解释每一个词汇函数的内容，除此之外，还通过以
下方面明确词汇函数代表的意义及取值范围。

1. 通过不同词类的关键词的选择明确词汇函数具体的内容及相关词词类，
如 Center、Sing、Mult、Ver、Bon、Magn_i、Caus 等。

2. 通过词汇函数值与关键词构成的句法结构确定词汇函数值的概括性意
义，如 Oper、Func、Labor 等。

3. 通过自然语言的民族性和约定性说明词汇函数代表的内容及词汇函数
值，如 Gener、Mult、Figur、Gener、Prepar^j 等。

4. 通过对下标代表意义的解释明确词汇函数的内容，如 S_i、S_c、A_i、
Able_i、Qual_i、Oper、Func、Labor、Real^j_{12}、Adv_x 等。

（三）明确某些词汇函数之间的关系，例如 Der、Adv_x、Pred 之间的关系，
Syn、Conv、Anti 之间的关系。

（四）对词汇函数的关键词和词汇相关词词类逐一进行考察。

每个词汇函数的自变量和函数值的词类特点可以通过下面的表格集中体现：

$f(C_0)$ ＼ C_0	各种词类	N	V	Adj	Adv	其他词类
各种词类	Syn, Anti, Der, Gener,					
N		Conv, S_i, S_c, Sing, Mult, Figur, Center	Pred, Oper, Func, Caus, Perm, Liqu, $Real^j_{12}$, $Prepar^j$, Degrad, Pred, Copul, Son	A_i, $Able_i$, $Magn_i$, Ver, Bon		Loc, Son
V		S_i S_c	Conv, Sing, Mult, Caus, Perm, Liqu, Incep, Cont, Fin, Result, Imper	A_i, $Able_i$	$Magn_i$	Imper
Adj			Pred, Copul			
Adv			Pred, Copul			

对简单标准词汇函数的粗略统计表明，作为词汇函数自变量的大多是名词和动词，函数值的词类也主要集中在动词、名词和形容词，其他词类，如副词、前置词、语气词、拟声词几乎都不是作为单独的词汇函数值出现的，而是作为某个词汇函数值的一种形式出现。

第三节　复合词汇函数清单

简单词汇函数组合在一起表达某种关系，从而形成复合词汇函数。经常组成复合词汇函数的简单词汇函数有：Anti、Bon、Center、Magn、Plus、Minus、Pred、Incep、Caus、Oper、Liqu、Labor。复合词汇函数经常出现在词典的词条中，是体现词与词的意义关系记录和记忆词与词搭配的有效手段。虽然Мельчук等人提出了一些复合词汇函数，进行了举例说明，并在词典中使用了复合词汇函数，但是对复合词汇函数的含义并没有进行具体明确的解释。笔者尝试对以下复合词汇函数进行解释。

1. AntiMagn

$AntiMagn_0$ 的值是描述情景本身的与"最高阶段""最高强度"等极端特征相反的特征，即"最低阶段""最低程度"特征的修饰性词，如果关键词是名词或名词性词组，那么 $AntiMagn_0$ 的值是形容词或形容词性词组，如果关键词是动词或动词性词组，那么 $AntiMagn_0$ 的值是副词或副词性词组。

AntiMagn（спать）= чутко，беспокойно[1]

AntiMagn（аплодисменты）= жидкие，//отдельные хлопки

AntiMagn（доводы）= слабые

AntiMagn（потери）= незначительные

AntiMagn（температура）= самая низкая

AntiMagn（рана）= пустяковая，//царапина...

2. AntiVer

与前文讲到的 Ver 的概括性意义相反，AntiVer 表示与关键词所指事物或行为本身职能要求应有的特征或性能相反的特征或性能，即否定的、不真实的特征或性能。词汇函数值包括形容词和形容性词组、副词或副词性词组。

AntiVer（стыд）= ложный

AntiVer（ревность）= беспочвенная

AntiVer：лживое обещание，несправедливое наказание，ошибочное/неправильное представление，безосновательные опасения

3. AntiBon

该词汇函数值是描写比关键词所指事物或行为应有的特征和性能额外差一些的特征和性质的修饰性词，包括形容词和形容性词组、副词或副词性词组。

AntiBon（влияние）= дурное ＜тлетворное＞

4. $AntiReal_{1,2}^{j}$

C_0 是意义中包含某种要求、希望、建议等意义的名词，换句话说，这些名词表示本身要求或期待某种回应性行为的事物。那么，$AntiReal_{1,2}^{j}$ 的值代表的就是由情景主体或客体所作的不符合期待和要求的行动。

$AntiReal_2$（засада）= избегать，миновать

---

[1] 复合词汇函数中的例证来源于 Мельчук，1999：82 – 100.

AntiReal$_2$：отклонять ходайство，проваливать экзамен／проваливаться на экзамене，пренебрегать советом／отвергать совет

5. MagnFigur

Figur 的值是表示普遍接受的对关键词所指事物进行比喻的词，而 MagnFigur 表示关键词所指事物处于极端阶段或具有极端特征时对关键词所指事物进行普遍接受的比喻。

MagnFigur（страсть）= пламя

MagnFigur（огонь^2［стрельба］）= шквал

MagnFigur（отчаяние）= бездна

MagnFigur（блокада）= кольцо

6. Loc$_{in}$Centre

Centre 的值是物体或过程的中心部分的典型称名词。Loc$_{in}$Centre 就是指，其他物体以关键词所指事物或过程的中心进行定位，表示在其内或其上所使用的词。通俗地讲，就是表示处于"表示时间、空间、情感等具有程度特征的事物中心"的词。

Loc$_{in}$Centre（город）= в центре［города］

Loc$_{in}$Centre（блаженство）= на верху［блаженства］

Loc$_{in}$Centre（дорога）= посреди［дороги］

Loc$_{in}$Centre（возраст）=／／во цвете лет

Loc$_{in}$Centre（движение^1）=／／на полном ходу

词汇函数 Plus（多一些）和 Minus（少一些）经常附加在函数 Magn 上，它们不能独立地实现，主要是作复合词汇函数的组成部分。

7. PredPlusMagn = Plus

Magn 单独使用时，是形容某种事物的最高阶段的词，这里指把当前关键词所处的程度看作最高阶段，PlusMagn 指比最高阶段的程度还高的程度，Pred 可以替换为 Copul（C$_0$）+ C$_0$，表现为表层体现就是"是什么（样的）"，那么 PredPlusMagn 就表示"是比现在的最高程度还高的程度"。PredPlusMagn 经常简写为 Plus。

8. PredMinusMagn = Minus

与上一个复合词汇函数相反，PredMinusMagn 就表示"是比现在的最高程度还低的程度"。PredMinusMagn 简写为 Minus。

9. CausPredPlusMagn

前文讲过，Caus 代表"某种外部力量使关键词所指事物或情景产生（存在、发生）"的概括性意义，因此，CausPredPlusMagn 的概括性意义是"外部力量使关键词所指事物处在比现在的（最高）程度还高的程度"。CausPred-PlusMagn 缩写成 CausPlus。

CausPredPlusMagn（скорость）= CausPlus（скорость）= увеличивать, повышать

10. CausPredMinusMagn = CausMinus

与上一个复合词汇函数相反，这个函数表示的概括性意义是"外部力量使关键词所指事物处在比现在的（最高）程度还低的程度"。CausPredMinus-Magn 缩写成 CausMinus。

CausPredMinusMagn（скорость）= CausMinus（скорость）= уменьшать, понижать, сбрасывать

11. IncepPredPlusMagn = IncepPlus

前文讲过，Incep 的值表示关键词所指情景、动作开始的行为、动作。在 PredPlusMagn 概括性意义的基础上，IncepPredPlusMagn 的值是表示"使关键词所指事物开始处于比现在的（最高）程度还高的程度"的动词。

IncepPredPlusMagn（цены）= расти, возрастать, подскакивать, подыматься, повышаться

12. IncepPredMinusMagn = IncepMinus

与上个复合函数的某个义素相反，IncepPredMinusMagn 的值是表示"使关键词所指事物开始处于比现在的（最高）程度还低的程度"的动词。

IncepPredMinusMagn（цены）= падать, понижаться

13&14. PlusBon&MinusBon

Plus 和 Minus 还经常和 Bon 组合在一起，它们的组合可以分别写成：Plus-Bon = Melior，而 MinusBon = Pejor。Bon 表示比关键词所指事物或行为应有的特征和性能额外好的特征或性能，那么 Melior 和 Pejor 就表示比关键词所指事物具有的好的特征或性能"强一些"或"差一些"的特征或性能。两个词汇函数经常用作复合函数的组成部分。

15&16. IncepMelior&IncepPejor

在上两个词汇函数的概括性意义的基础上，IncepMelior&IncepPejor 分别表示关键词所指事物或行为的特征或性能开始变得"好一些"或"差一些"的行为。

IncepMelior（дисциплина）= укрепляться

IncepPejor（дисциплина）= расшатываться

IncepMelior（культура）= расцветать

17. S_0IncepPejor

在 IncepPejor 的基础上，S_0IncepPejor 是表示关键词所指事物或行为的性能或特征开始变得"差一些"的一种行为的名词。例如，S_0IncepPejor（культура）= упадок。

前文提到，Caus 代表"某种外部力量使关键词表示的事物或情景产生（存在、发生）"的概括性意义，如果 Caus 带下标，$Caus_{1,2}$就表示情景的主体或客体题元使关键词表示的事物或情景产生。

18. CausOper$_i$

Oper$_i$代表以关键词为第一补语的半虚义动词，该动词与关键词组合为一个意义整体，能替换表示情景的全义动词。下标表示词汇函数值的主语是作为关键词所指情景的哪个语义题元的事物名词。Oper$_i$在现实词汇中表现为不尽相同的概括性动作意义，为了阐述方便，笔者约定用"做 C_0 事"表示 Oper$_i$（C_0）+ C_0 组合的概括性意义，仅从词汇意义组合角度看，"кто + Oper$_i$（C_0）+ C_0"表示关键词所指情景的哪个语义题元"做 C_0 事"，而加上 Caus 以后，整个复合词汇函数表示关键词所指情景的外部因素使该情景的哪个具体语义题元"做 C_0事"。例如，CausOper$_1$（власть）= облекать［кого властью над］。如果变成 $Caus_{1,2}$，那么，整个复合词汇函数就表示关键词所指情景的具体的主体或客体使该情景的主体做 C_0 事。

CausOper$_2$：сдавать в эксплуатацию，ввергать в рабство，ставить под контроль，пускать в обращение

19. CausFunc$_i$

Func$_i$的值是以关键词为主语的半虚义动词，该动词与关键词组合为一个意义整体，能替换表示该情景的全义动词。这类虚义动词表示关键词所指事物发挥某种功能和作用，下标表示哪个语义题元名称作第一补语。仅从词汇组合角度看，笔者约定用"关键词所指事物在该情景的哪个题元那儿存在"来表示"C_0 + $Func_i$ + кого-что（i）"组合的概括性意义。那么，$CausFunc_i$表示"外部因素使关键词所指事物在该事物所示情景的哪个语义题元那儿存在"的动作。$Caus_{1,2} Func_i$表示"关键词所指情景事物的主体或客体使C_0在该情景的第 i 个语义题元那儿存在"的动作。

$CausFunc_1$（власть）= давать［кому власть］表示外部因素使权力（власть）在（未来）使用者那儿存在。

$Caus_1 Func_1$（власть）=［устанавливать］表示权力的使用者使权力在自己这儿存在。

$Caus_1 Func_1$（засада）=［устраивать］表示设埋伏的人使埋伏在自己这儿存在。

20. $Perm_i Func_i$

上个词汇函数中讲过，我们用"关键词所指事物在该事物所指情景的哪个语义题元那儿存在"来表示"C_0 + $Func_i$ + кого-что（i）"组合的概括性意义，而前文也讲过，Perm 表示关键词所指情景的外部因素允许关键词所指情景、动作发生的行为、动作。那么，$PermFunc_i$组合起来表示"关键词所指情景的外部因素允许所指事物在该事物所示情景的第 i 个语义题元那儿存在"的动作；例如，

$PermFunc_0$（паника）= допускать

кто + допускать + паника

表示情景的外部因素提供惊慌失措的可能性。

而 $Perm_i Func_i$就表示"关键词所指情景的第 i 个语义题元允许所指事物在情景的第 i 个语义题元那儿存在"。

$Perm_2 Func_2$（оскорбления）= терпеть，сносить

кто + терпеть，сносить + оскорбления 被侮辱的人允许侮辱的言行在自己这儿存在。

21. $Perm_i Oper_i$

前文多次提到，"кто + $oper_i$（C_0）+ C_0"表示"关键词所指情景的第 i 个语义题元做 C_0 事"，那么 $PermOper_i$代表"关键词所指情景的外部因素允许情景的第 i 个语义题元做 C_0 事"。$Perm_i Oper_i$代表"关键词所指情景的哪个语义

题元允许情景的第 i 个语义题元做 C_0 事"。

PermOper$_2$（экзамен）= допускать......к

кто + допускать（+ кто（i））+ к + экзамен 表示情景外部因素允许被考人（客体语义题元）参加考试。

PermOper$_2$（опубликование）= разрешать к

кто + разрешать（+ что（i））+ к + опубликование 表示情景外因素允许要被发表的东西（客体语义题元）去发表。

22. Perm$_i$Fact$_i$

Perm$_i$Fact 表示关键词所指情景的第 i 个语义题元允许关键词语义中的"要求"成为现实。

Perm$_1$Fact（гнев）= давать выход［своему гневу］表示生气的主体允许生气这件事通过某种方式表现出来。

Incep 的词汇函数值表示开始某种动作或行为的动作、行为，经常和其他动词词汇函数组合成复合词汇函数。

23. IncepPred

IncepPred = Incep（Copul + C_0），IncepPred 的值表示开始某种动作、行为、状态的动作。

IncepPred（бледный）= // побледнеть

IncepPred（грубый）= // погрубеть；огрубеть；загрубеть

24. IncepOper$_i$

前文讲过，仅从词汇意义组合角度看，"кто（i）+ oper$_i$（C_0）+ C_0"表示关键词所指情景的第 i 个语义题元"做 C_0 事"，那么，IncepOper$_i$ 就表示关键词所指情景的第 i 个语义题元开始"做 C_0 事"。

IncepOper$_1$（власть）= приобретать；приходить к

IncepOper$_1$（отчаяние）= приходить，впадать в

IncepOper$_1$：приобретать популярность，вставать на путь предательства，переходить в пике

IncepOper$_2$：поступить в продажу，попадать под обстрел，снискать ＜завоёвывать，добиваться＞ уважение

25. IncepFunc$_i$

我们约定用"关键词所指事物在该情景的第 i 个语义题元那儿存在"来表示"C$_0$ + Func$_i$ + кого-что（i）"组合的概括性意义。那么，IncepFunc$_i$ 表示"关键词所指事物开始在该情景的第 i 个语义题元那儿存在"。IncepFunc$_0$ 表示"关键词所指事物开始存在"。

IncepFunc$_0$（завод）= вступить в строй

IncepFunc$_0$（война）= разражаться，начинаться

IncepFunc$_0$（ветер）= подыматься，подуть，задуть

IncepFunc$_0$（дружба）= завязываться

Cont 的词汇函数值表示关键词所示情景、动作持续进行的行为、动作。也经常与其他词汇函数一起组成复合词汇函数。

26. ContOper$_i$

"кто（i）+ ContOper$_i$（C$_0$）+ C$_0$"表示关键词所指情景的第 i 个语义题元继续"做 C$_0$ 事"。

ContOper$_1$（спокойствие）= сохранять

ContOper$_1$（пост）= оставаться на

27. ContFunc$_i$

"C$_0$ + ContFunc$_i$ + кого-что（i）"概括性意义是"关键词所指事物继续在该情景的第 i 个语义题元那儿存在"，ContFunc$_0$ 表示"关键词所指事物继续存在"。

ContFunc$_0$（напряжённость）= сохраняться

ContFunc$_0$（запах）= держаться

Fin 的词汇函数值表示关键词所指情景、动作停止的行为、动作。

28. FinFunc$_i$

"C$_0$ + FinFunc$_i$ + кого-что（i）"的概括性意义是"关键词所指事物停止在该情景的第 i 个语义题元那儿存在"，ContFunc$_0$ 表示"关键词所指事物停止存在"。

FinFunc$_0$（война）= оканчиваться

FinFunc$_0$（ветер）= стихать，улечься

FinFunc$_0$（мода）= отходить，проходить

FinFunc$_0$（боль）= проходить，утихать

前文讲过，Liqu 的值表示关键词所指情景的外部因素使关键词表示的情景、动作停止存在的行为、动作，具有"取消、破坏使……不存在"的概括性意义。

29. $LiquOper_2$

$LiquOper_i$ 表示关键词所指情景的外部因素破坏以使情景的第 i 个语义题元停止"做 C_0 事"；$Liqu_iOper_i$ 表示关键词所指情景的第 i 个语义题元破坏以使关键词的第 i 个语义题元停止"做 C_0 事"。

$LiquOper_2$：освобождать ＜избавлять＞... от опеки, лишать покровительства, изымать... из обращения

освобождать ＜избавлять＞... от（опеки）

表示外部因素使被监护人（i＝2）停止被监护。

изымать... из（обращения）

表示外部因素使被使用的东西（i＝2）停止被使用。

30. $liquFunc_i$

$liquFunc_i$ 表示"外部因素破坏使关键词所指事物停止在情景的第 i 个语义题元那儿存在"。$liqu_iFunc_i$ 表示"关键词所指情景的第 i 个语义题元破坏以使关键词所指事物停止在情景的第 i 个语义题元那儿存在"。

$liquFunc_0$：перерезать дорогу, выводить из строя завода, останавливать движение（транспорта）...

$liquFunc_0$（дорога）＝ перерезать（дорогу）表示外部因素破坏使"道路停止存在"。具体地讲，这里的道路是指交通状况，而不是道路实体本身，因此，这里指外部因素破坏使交通停滞。

$liquFunc_0$（завод）＝ выводить из строя（завод）表示外部因素使"工厂停止存在"，具体地讲，指外部因素使工厂停产。

前文讲过，$Labor_{ij}$ 表达的概括性意义是"关键词所指情景的第 i 个语义题元对第 j 个语义题元做 C_0 事"，这里的"做 C_0 事"针对不同的关键词可能有不同的具体解释，概括性意义就是"做在 C_0 那个情景中典型的动作"。

31. $LiquLabor_{ij}$

$LiquLabor_{ij}$ 表示"外部因素破坏以使关键词所指情景的第 i 个语义题元停止对第 j 个语义题元做 C_0 事"；$Liqu_iLabor_{ij}$ 表示"关键词所指情景的第 i 个语

义题元破坏以使情景的哪个语义题元停止对第 j 个语义题元做 C_0 事"。

Liqu$_1$ Labor$_{12}$（память）= вычеркивать［из（своей）памяти］

"память" 所指情景的第一个语义题元是记忆的主体，而第二个语义题元是被记忆的东西。Liqu$_1$ Labor$_{12}$（память）就表示记忆的主体使自己停止记忆被记忆的东西。

第四节　小　　结

词汇函数是深层句法层构建和从语义层到深层句法层转换过程中一个必不可少的形式化描写手段。语言学中的词汇函数表示的是处于不同集合中词或词组之间的关系。词汇函数分为常值词汇函数和变值词汇函数。变值词汇函数分为标准词汇函数和非标准词汇函数。同时，标准词汇函数还分为简单词汇函数和复合词汇函数。简单词汇函数，尤其是简单标准词汇函数是研究的重点。

本章详解了 37 个简单标准词汇函数和 6 个非标准词汇函数。

（一）根据词汇函数代表的内容，将简单词汇函数重新分为五类。从词汇函数符号代表的内容、词汇相关词和关键词之间意义的黏合性、关键词和相关词的词类特点及相互对应性、关键词和相关词的句法替换性等方面考察词汇函数的类别。

（二）从民族规约性、关键词词类、下标代表的意义、某些词汇函数值与关键词组成的句法结构等方面明确词汇函数符号代表的内容。

（三）明确某些词汇函数之间的关系。

（四）对词汇函数的关键词和词汇相关词词类逐一考察并列表总结。

另外，还详细解读了 31 个复合词汇函数的意义，经常组成复合词汇函数的简单词汇函数有 Anti、Bon、Center、Magn、Plus、Minus、Pred、Incep、Caus、Oper$_i$、Liqu、Labor$_{ij}$ 等。

第四章　СемП ⇒ ГСП 转换

　　词汇函数是语义部件中深层句法层构建的重要形式化手段，也是层级间转换的重要手段。从语句的语义体现到深层句法体现的转换是语义部件在合成文本方向上的动态过程。总体任务是为给定的语义体现建立多个同义的深层句法体现。

第一节　概　　述

　　从语义到深层句法的转换过程大体经过三个阶段：①分解语义图示；②确定深层句法基础结构；③同义的深层句法结构转换（迁喻法转换）。在这个过程中主要处理主要成分——语义图示向深层句法结构的转换。以下是基于个人理解对该转换过程的综述性阐释。（可详见 Мельчук，1999：141－150）．

一、分解语义图示

　　这一阶段的任务：首先把给定的整个语句的语义图示分解成各块，每一块子图示对应的是未来语句的分句，同时，按照语句中分句的顺序将这些子图示排序。这种分组可能产生几种不同的结果。下面的步骤只说明了一种分解的情况。

　　例如，一个语句的整个图示由 ABCDEFGHIJKLMNOPQRS 等义子组成，分成对应未来两个小句的子图示，分别由 ABCDEFGHIJK 和 LMNOPQRS 组成。

　　这一步现有的研究很少，研究者只粗略地提出一些划分标准和划分原则。

1. 划分标准

Леонтьева 从两个因素（纯语言和纯意义）考虑提出了划分标准：从语言角度讲，划分出的句子应该满足该语言的句法和修辞标准——不要太庞杂，也不要太短浅，要符合该语言中交际信息结构规律和心理规律；从意义角度讲，最好每个分句都包含新的内容，最好都包含一个表述。

2. 划分原则

①在每个小句中大概有平均数量的实词。

②两个小句的关系最薄弱，即在关系数量最少的地方划分小句。

二、确定深层句法基础结构

这一阶段的任务：以分句链条中的一个分句的语义图示为例，为这个分句确定同义的深层句法基础结构，其他分句以此为例。在这个阶段上，对于一个分句的语义图示而言，可以获得多个同义的深层句法基础结构，这些深层句法基础结构属于第一类同义深层句法结构，即它们之间不能借助于词汇函数进行转换。在每个这样的深层句法基础结构的基础上都能构建出与其具有词汇函数－同义关系的其他的深层句法结构。

拿上文切分的一个分句的图示（由 ABCDEFGHIJK 组成）为例，这个分句中义子的不同组合，又对应不同的深层句法基础结构，例如，ABC + DEFG + HIJK 对应一个深层句法结构 X，而 ABCD + EFGH + IJK 对应另一个深层句法结构 Y，这两个深层句法基础结构不能通过词汇函数进行转换，因为它们对义子的划分方式不同。

1. 深层句法基础结构（БГСС）的特点

深层句法基础结构是比与其具有词汇函数－同义关系的其他深层句法结构更简单的结构。构建深层句法基础结构的原则是：熟语化程度最低、显性程度最高、转换最方便。具体地说，该结构中的词汇和句法具有的该语言的特性最少，具有更多的通用特性，更容易在其他语言中找到直接对应物。基础词汇的数量应该尽量少，且这些词的意义没有歧义，是该词最基本的意义。在具有词汇函数－同义关系的深层句法结构组成的子集中，从 БГСС 向该子集的其他 ГСС 转换比从该子集中的任何一个 ГСС 向其他 ГСС 转换更简单和公式化。

挑选深层句法基础结构词汇有两种方式，或者在等值替换族——同义词族、题元转换词族、异词类同义派生词族中只选择一个代表；或者在广义的同义词位СОДЕРЖАТЬ[1]、ВКЛЮЧАТЬ[1]、ВКЛЮЧЕНИЕ[1]、ВХОДИТЬ[2]、ВХОЖДЕНИЕ[2]、ПРИНАДЛЕЖАТЬ[2] 中选择一个作为基础词汇，例如，СОДЕРЖАТЬ[1]。挑选完之后还要进一步明确基础词汇的意义，消除被选词汇不需要的多余意义。同时，消除可能存在的同形异义现象，使备选词汇在某个确定的词族内意义精确。

2. 深层句法基础结构的构建

为每个小句的语义图示确定深层句法基础结构主要借助语言语义词典的帮助。语言语义词典是为从语义到深层句法转换而服务的，以便从词典中直接找出某个分句语义图示中的某个子图示对应的深层句法基础结构的词汇。

语言语义词典就是把某个语义图示与某个深层句法词对应起来的词典，也就是转换规则的汇编。转换规则是单向的，左边（输入的）是语义图示，右边（输出的）是顶点为广义词位的深层句法结构关系树，即顶点为词位、词汇函数或熟语的深层句法结构。在语言语义词典中还应该包括语言语义规则的变体，即描写附着在广义词位旁的承载语义信息的词变特征从语义图示转换到词法特征名称的规则。

语言语义词典暂时还是理论上的设想，还没有形成一种语言语义词典。它建立在对一种语言词汇（哪怕只有深层句法基础结构的词汇）的语义描写的基础上。

当然，在从语义体现到基础深层句法体现的转换过程中，除了处理从语义图示到深层句法结构的转换，还需要处理深层句法体现中的其他成分，如关于所指一致的信息、关于成分的复杂句法组合的信息、关于交际结构（主要是主位、述位）的信息，还有关于语调的信息等。

三、迂喻法转换（同义的深层句法转换）

这个阶段的任务是：由每个深层句法基础结构获得与其具有词汇函数－同义关系的深层句法结构。这个过程分为三个步骤。

第一步：在深层句法基础结构上获得第一批新的词汇函数－同义的深层句法结构。

将词汇规则连同配套的句法规则或者单独的词汇规则、句法规则运用到已有的深层句法基础结构上。在使用词汇规则时，可以作为关键词的只能是全义的词位或固定熟语，而不能是词汇函数符号。规则被使用后，将获得与最初的深层句法基础结构具有词汇函数－同义关系的新的深层句法结构，这个深层句法结构和深层句法基础结构本身组成了深层句法结构的"工作集"（以后这些深层句法结构还会转换出新的深层句法结构，数量将不断增加。这是个形象的说法）。例如，由上面的深层句法基础结构 X 又可以获得与其同义的深层句法结构 X_1。

第二步：词汇函数取值操作。

词汇函数取值操作也叫《＊》操作，即借助详解组合词典得出"工作集"中深层句法结构节点上的词汇函数的值，即由相应的关键词得出词汇函数值。

取值操作存在有解和无解两种情况：

如果对于给定的关键词，给定的词汇函数无解，那么有这样词汇函数符号的深层句法结构可能不发生任何变化，也可能以人造词代替词汇函数的解，将作为以后转换的中间环节留在"工作集"中。

如果对于给定的关键词，给定的词汇函数有解，那么作为解的具体的词将占据原来词汇函数符号占据的节点，产生新的深层句法结构，有几个解就有几个新深层句法结构，这些新的深层句法结构添加到"工作集"中，原来带词汇函数符号的深层句法结构（即未作取值处理的深层句法结构）仍然保留在"工作集"中。

在对词汇函数取值的过程中，可能会遇到词汇函数 g 和 f 叠加的情况，即 $g(f(C_0))$。这种情况有两种处理方法：①f 先对 C_0 取值，如果 $*f(C_0)$（即 $f(C_0)$ 的值）是全义实词词位，那么 g 可以根据这个解再取值；②如果 $*f(C_0)$（即 $f(C_0)$ 的值）不是全义实词词位，即半虚化词位，那么要将 $g(f(C_0))$ 转换为复合词汇函数 $gf(C_0)$），在词汇单位 C_0 的词条中查阅 $gf(C_0)$ 的具体值；有时也可以在 $*f(C_0)$ 的基础上选择 g 的自由值。

例如，有 $Incep(Oper_1(огонь^2))$ 这样一个以 $огонь^2$ 为关键词的叠加的词汇函数，其中，$огонь^2 = стрельба$。首先应该对 $Oper_1(огонь^2)$ 取值，$Oper_1(огонь^2) = вести$，вести 是半虚化词位，不能以它为关键词取值。因此，将整个叠加的词汇函数变为复合词汇函数，即 $IncepOper_1(огонь^2) =$

открывать。也可以选择词汇函数 Incep 的自由值（начинать），即 начинать вести огонь。

词汇函数取值后的深层句法结构又丰富了深层句法结构"工作集"的内容。

第三步：再次对被充实的深层句法结构"工作集"中已有的深层句法结构使用词汇规则及与其配合的句法规则或单独的词汇规则、句法规则。

与第一步转换的要求一样，作为关键词的只能是全义的词位或固定熟语。但是，这步获得的深层句法结构与原有的任何一个深层句法结构都不能重合。

在这一步的转换操作中有一个限制条件，即对作为词汇函数值的全义词位或熟语不能再次使用与上一次相同的词汇函数，尤其指词汇规则中有这样一些词汇函数的：Gener、S_1、Equip、Figur、Sing、Mult 等。如，以 флот 为关键词 C_0，Sing（флот）= корабль，根据词汇规则 $C_0 \Leftrightarrow Sing_{\text{мн}}（C_0）\overset{2}{\to} C_0$ 得出 флот⇒корабли флота，或同一个道理得出 туман⇒пелена тумана，如果再对所得出的词组中的 C_0 继续使用词汇函数 Sing，那么得出的 * корабли кораблей флота、* пелена пелены тумана 是错误的。

第三步转换后，再进行第二步和第三步，即取值和转换，直至获得一个新的深层句法结构，到不能再使用任何词汇函数为止。

从深层句法基础结构向其他同义的深层句法结构转换过程中，词汇函数取值要借助详解组合词典的帮助，在这种词典中，每个主题词下都记录了以它为关键词的所有相关的词汇函数的值。根据需要，符合转换条件的词位从词汇规则中选择适当的规则。然后再借助详解组合词典进行取值操作，在此基础上继续进行转换。词典和规则的配合也体现了整合性描写原则。

这三个阶段的转换是为了获得与给定语义图示对应的所有可能的深层句法结构。但是在这些结构中可能出现不符合深层句法层要求的个体，这时就需要相关的筛选规则筛出那些错误的深层句法结构，保证向表层转换的都是正确的深层句法结构。这样，语义部件的工作才算完整。因为这个问题不是本书关注的重点，为了呈现语义部件工作的完整过程，这里仅作介绍。

目前，关于前两个阶段的转换，还只是通过理论构想形成框架或形成了一些范例性的研究成果，但还不成体系。第三阶段的迁喻法转换研究已经产生了比较系统和具体的研究成果，并且具有很大的通用性，可以被其他语言研究借鉴，也可以把这种转换思想和方法推广到语言应用和语言教学上。

迁喻法转换，概括地讲，是同义的深层句法体现的转换，是由深层句法基础结构获得其他同义的深层句法结构的过程，而且这个过程要借助词汇函数的帮助。在迁喻法转换的过程中有时是深层句法结构的词汇发生变化，有时是深层句法结构的句法发生变化，多数情况下是词汇和句法同时发生变化。对词汇转换的单独研究形成了词汇规则，对句法转换的单独研究形成了句法规则。每次迁喻法转换或单独用到词汇规则，或单独用到句法规则，多数是两套规则配合使用。这样，迁喻法转换体系就拆分为两个部分：词汇规则和句法规则。

第二节　迁喻法转换的词汇规则

一、词汇规则概述

1. 词汇规则的定义

"词汇规则描写同一个意义的不同的表达式的等值性，精确到句法，即确定：借助一些实词词位组成的集合 M 表达的意义也可以借助其他一些实词词位的集合'M'表达，当然，条件是完成必要的句法重构"（Мельчук，1999：149）。

实际上，词汇规则中关注的等值性包含两种情况，一种是意义的等值，即表达某种意义的词组可以相互替换。另一种是意义的蕴含，即由一个词组的意义能够推倒出另一个词组的意义，但反过来行不通，也就是说不能相互替换。意义的蕴含，从某种意义上说，也体现了一定条件下意义之间的一种等值性。因此，词汇规则分为等值规则和蕴含规则。

2. 词汇规则表达式中的形式化符号

形式化符号是《意义⇔文本》模式理论构建中重要的手段。原理论阐述中并没有对形式化符号进行专门的具体阐释。本书对此内容加以补充。

每个词汇规则都是借助词汇函数进行的形式化表述。诸如这样的形式化表达式：$C_0 \Leftrightarrow \text{Equip}（C_0）\overset{2}{\rightarrow} C_0$ 或 PerfCaus（x）⇒ X　<20>。

每个词汇规则都由左右两部分组成，两部分之间用"⇔"或"⇒"连接。

"⇔"：表示左右两部分双向转换，是等值规则。

"⇒"：表示从左到右的单项转换，是蕴含规则。

左右两部分中又包含以下这些符号：

"C_0"：代表关键词的符号。

"f（C_0）"：词汇函数值的符号，"f"在每个规则中表现为具体的词汇函数。

"←"：箭头连接两个深层句法词位。箭头上边有具体的数字，代表箭头两边词位的深层句法关系。

"X"：代表某个简单词汇函数或复合词汇函数，不再表现为具体的函数。

"//"：本身是词汇函数黏合值的代表符号。当词汇函数对于不同的关键词既有黏合值又有非黏合值，那么，为了叙述简单，无论具体的词汇函数值是黏合的还是非黏合的，在转换规则的形式表达式中，该词汇函数前都标有符号"//"，以此表示该函数有时候有黏合值。

词汇规则本身以外还有一些辅助信息符号：

"< >"：尖括号中阿拉伯数字代表的是为该词汇规则服务的句法规则编号。在正常情况下，词汇规则的左右部分使用的是相应句法规则左右的句法结构。如果句法规则编号上面用反向箭头标注或者写明"倒几"，表示的是词汇规则的左右部分使用的是相应句法规则的右左部分的句法结构。有时候，尖括号里有连续几个编号，编号的顺序表示的是相应句法规则的使用顺序。有时候有些编号用"（）"扩上，表示相应的句法规则的使用是根据具体情况可选择的。

"｜"：在"< >"右面有时候标有"｜"，竖线的右面附上该词汇规则的使用条件，如"｜ C_0 = 动词"。

在本书的叙述中，不采用最后一个符号，因为词汇规则的使用条件不放在形式化表达式中呈现。其余符号都采用，所指也是一样的。

3. 词汇规则的分类

Мельчук首先将词汇规则分为等值规则和蕴含规则。按照对关键词 C_0 使用哪种词汇函数、采用哪种替换方式对等值规则又继续分类。这种分类只关注词汇的变化，不关注相应结构的变换。因为迂喻法转换不光是词汇的变化，还有句法的变化，所以针对这一点，本书将根据词汇规则引起的深层句法结构的变化将词汇规则重新分类并逐一分析。根据笔者的总结分析，现有的词汇规则的深层句法结构的变化有以下几类：

第一类：谓词不变，某个节点改变。

第二类：述谓中心利用否定词的微变，其他深层句法题元不变。

第三类：第一句法题元不变，谓词被新谓词替换。

第四类：谓词被新谓词替换，原来的句法题元互相换位。

第五类：述谓中心由原来的谓词转移到其限定成分上。

第六类：谓词与句法题元关系的变化比较复杂。

4. 词汇规则中需要明确的问题

在"关于语义合成"和《"意义⇔文本"语言学模式理论经验》中利用形式符号构建了每个词汇规则的形式化表达式，并附上一个实例，但并没有给出太多的解释和说明。本书在原理论形式化规则和相关例证基础上，在对每个词汇规则进行分析时，补充和明确以下几个方面的问题：

①明确深层句法关系的变化。主要关注谓词和句法题元的变化，有时需要指出替换词与被替换词的词法特征的变化，例如，$C_0 \Leftrightarrow \text{Equip}（C_0）\xrightarrow{2} C_0$ 中右边的节点很可能变成复数。利用句法关系树形图给出词汇规则例句中的树形图。

②明确关键词 C_0 的词类和词汇语义范围。因为词汇规则都是借助词汇函数的转换，所以转换要从 C_0 开始，了解了 C_0 的词类范围和词汇语义范围，也就了解了词汇规则适用的范围。

③明确词汇规则的概括性语义范围。因为在使用规则时要理解它是什么，要利用它转换什么意义。

④明确有些词汇规则之间的关系。有些词汇规则处理的可能是同样一些词之间的转换，却是从不同角度出发形成的规则。

同时，指出词汇规则借助 C_0 进行描写的方式，具体而言，是 C_0 和 $f（C_0）$ 之间的转换，还是描写同一个关键词的不同的词汇相关词之间的转换。后一种转换是借助词汇函数 Oper、Func、Labor 进行的。

二、词汇规则清单

在对词汇规则进行描写前，需要提前说明本书采用的一些约定性的内容或描写方式：①词汇规则两边的词和词组本身有时候并不是同义的，还要涉及其他相关成分的变化。规则呈现的只是主要的改变。②在指出深层句法结构变化时，如果不特殊强调，都指从左到右的变化。③对每个词汇规则的结构分析中，只指出词类或者词的概括性特点，只有在有些词汇函数本身要求指出相关词的句子成分时，才指出相关词的句子成分。④在树形图中，中间双向转换符号上的数字表示运用的句法规则的标号。深层句法结构中的词汇采用小写形式，没有词法特征标注。X、Y 表示规则中变化的部分，与相应句法规则中的 X、Y 不对应，而 A、B、C、D 表示任意的词，在同一个规则中同一个字母表示同一个词或其异词类同义派生词，这些字母与相应句法规则中与其相同的字母并非指同一些词。节点上有些字母带括号，表示该节点在句法规则中是可选的节点。

（一）等值规则

第一类：谓词不变，某个节点改变。

第一类词汇规则 1~8 涉及的只是某个句法题元节点本身的改变，不涉及相关谓词的变化，除非要替换的就是谓词。这类词汇规则处理的主要是名词和名词词组的转换，第一个规则中涉及动词等。

1. 同义词替换

$C_0 \Leftrightarrow Syn（C_0）$

适用条件：这一规则涉及意义相同、词类相同且与相关词的深层句法关系也相同的词

对于名词、形容词、副词等而言，基本上等同于传统上的同义词。但是对于动词而言，这里不包括题元转换词，如 обучать 与 преподавать。

例如，Он занимается языкознанием ⇔ он занимается лингвистикой. ❶

补充说明：词汇规则涉及的大多数转换在《意义⇔文本》模式框架内都被认为是在同义的基础上进行的转换，而且指的是在小句范围内的同义，但是，这个转换是在词或词组词汇意义同义的基础上的转换。

---

❶ 本书中词汇规则和句法规则的例证基本取自 Мельчук，1999.

2. 种属词的转换

$C_0 \Leftrightarrow \text{Gener}（C_0）\overset{5}{\to} \text{Der}（C_0）$

适用条件：C_0 主要是名词、动词

概括性语义：动作、事物、属性 ⇔ 上位概念动作、事物、属性 + 修饰性成分

例如，Газ ⇔ газообразное вещество.

3. 种属词的转换

$S_0（\text{Pred}（C_0））\Leftrightarrow \text{Gener}（C_0）\overset{5}{\to}（C_0）$

适用条件：C_0 = 形容词

概括性语义：表示某种性质、特点的名词 ⇔ 性质形容词 + 上位概念名词

这个规则实际上与上一个规则的意义是一致的。因为形容词的上位概念词是名词，它们组合在一起是名词性词组，词汇规则的左边最后得出来的是表示某种性质、特点的名词。

例如，Убедительность ⇔ Убедительный характер.

4. 名词与其隐喻词的转换

$X（C_0）\overset{i}{\to} C_0 \Leftrightarrow X（\text{Figur}（C_0））\overset{i}{\to} \text{Figur}（C_0）\overset{5}{\to} C_0$

适用条件：C_0 = 名词，X 是词汇函数

概括性语义：事物（做什么）⇔ 事物的隐喻物（做什么）；对事物（做什么）⇔ 对事物的隐喻物（做什么）

例如，Война охватила Европу. ⇔ Пожар войны охватил Европу.

5. 名词与其单量词的转换

$C_0 \Leftrightarrow \text{Sing}_{\text{мн}}（C_0）\overset{2}{\to} C_0$

适用条件：C_0 = 表示某种集体的名词

概括性语义：事物（做什么）⇔ 事物中各个个体（做什么）；对事物（做什么）⇔ 对事物中各个个体（做什么）

例如，Данирейский флот обстрелял порт. ⇔ Корабли данирейского флота обстреляли порт.

6. 名词与有集合意义的词的转换

$$C_{0\text{мн}} \Leftrightarrow \text{Mult}\ (C_0)\ \xrightarrow{2}\ C_0$$

适用条件：C_0 = 非集合具体事物名词

概括性语义：很多个体事物（做什么）⇔ 很多个体事物组成的集体（做什么）；对很多个体事物（做什么）⇔ 对个体事物组成的集体（做什么）

例如，Все муракские крестьяне…⇔ Всё муракское крестьянство…

7. 组织名词与组织成员名词的转换

$$C_0 \Leftrightarrow \text{Equip}\ (C_0)\ \xrightarrow{2}\ C_0\ <5>$$

适用条件：C_0 = 名词，由人员组成的单位、组织等的名称

概括性语义：组织（做什么）⇔ 组织的全体工作成员（做什么）；对组织（做什么）⇔对组织的全体工作人员（做什么）

例如，Завод вышел на демонстрацию. ⇔ Рабочие завода вышли на демонстрацию.

8. 事物名词与事物主体语义题元称名词的转换

$$X\ (C_0)\ \xrightarrow{i}\ C_0 \Leftrightarrow X\ (S_1\ (C_0))\ \xrightarrow{i}//S_1\ (C_0)\ <5>$$

适用条件：C_0 = 表示某种事物或情景的名词，X 代表某个词汇函数

概括性语义：事物做什么 ⇔ 事物的主体做什么；对事物做什么 ⇔ 对事物的主体做什么

例如，Статья рассказывает. ⇔ Автор статьи рассказывает.

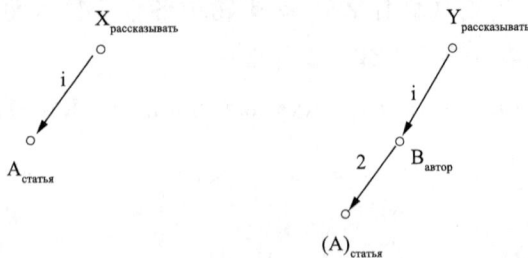

第一类词汇规则总结：

深层句法结构的变化：总体上，只是某个节点发生变化，对谓词顶点和其他节点没有影响。除了第一个规则外，节点的变化都是对节点的拆分，只是拆分的方式不一样。

2 ～ 4 的转换中，关键词 C_0 的节点分别被新节点代替，同时，向外伸出一条带 "5" 的旁枝，枝头是节点 C_0，也就是说，关键词变成了 Gener（C_0）、Figur（C_0）的限定性成分。

5 ～ 8 的转换中，如果词汇函数值是非黏合性的，那么关键词 C_0 的节点分别被 $Sing_{мн}$（C_0）、Mult（C_0）、Equip（C_0）代替，同时，向外伸出带 "2" 的旁枝，枝头是节点 C_0。如果词汇函数值是黏合值，那么作为黏合值的词直接替代关键词。

在转换的过程中，被替换节点的名词的数可能发生变化。

对某些句法规则使用的说明：这类词汇规则基本上不需要句法规则。词汇规则 7、8 尽管有对应的句法规则 < 5 >，但是，与句法规则 < 5 > 服务的其他词汇规则有很大区别，它处理的是某个名词节点成分的拆分，而不是对谓词顶点的拆分。它们完全可以像词汇规则 5 一样，不用句法规则与其对应。

第二类：述谓中心利用否定词发生微变，其他深层句法题元不变。

词汇规则 9 ～ 12 主要处理的是谓词或谓词 + 不定式结构在深层句法结构中利用否定词的转换，对其他句法题元都没有影响。不定式在深层句法结构中是谓词的第二深层句法题元。

9. 谓词与（否定词 + 新谓词）的替换

$$\text{Perm}（x）⇔ \text{не} \overset{5}{\leftarrow} \text{Liqu}（x）$$

适用条件：X = 某个动词词汇函数

概括性语义：允许……存在、发生等 ⇔ 不消除（不破坏）……

例如，Кембрия попустительствовала данирейской агрессии. ⇔ Кембрия не препятствовала данирейской агрессии.

10. 谓词与（否定词 + 新谓词）的替换

$$\text{Cont}（x）⇔ \text{не} \overset{5}{\leftarrow} \text{Fin}（x）$$

适用条件：X = 某个动词词汇函数

概括性语义：继续…… ⇔ 不停止……

例如，... сохранять своё достоинство ⇔... не ронять своё достоинство

11. 谓词与（新谓词＋否定词）的替换

$$\text{Fin}\ (C_0)\overset{2}{\rightarrow}(C_0)\Leftrightarrow\text{Incep}\ (C_0)\overset{2}{\rightarrow}C_0\overset{5}{\rightarrow}\text{не}$$

适用条件：$C_0 =$ 代表某种情景的词

概括性语义：停止做…… ⇔ 开始不做……

例如，Он перестал ухаживать за своим садом. ⇔ Он стал не ухаживать за своим садом（Он стал запускать свой сад）.

12. 谓词与（否定词＋新谓词＋否定词）的替换

$$\text{Caus}\ (x)\overset{2}{\rightarrow}C_0\Leftrightarrow\text{не}\overset{5}{\leftarrow}\text{Perm}\ (C_0)\overset{2}{\rightarrow}C_0\overset{5}{\rightarrow}\text{не}$$

适用条件：$C_0 =$ 代表某种情景的名词或动名词

概括性语义：使……存在、发生等 ⇔ 不允许不做……

例如，Он заставил её уйти. ⇔ Он не позволил ей не уйти.

第二类词汇规则总结：

深层句法结构的变化：总体上，只是谓词或谓词＋不定式补语借助否定词的小变化，其余节点都没有改变。

在词汇规则 9～10 的转换中，谓词变成 не＋新谓词的形式。形式上，原谓词顶点被新谓词代替，并伸出一个带"5"的枝条，枝头节点是"не"。

在词汇规则 11 的转换中，谓词变成新谓词＋не 的形式，"не"限定第二个深层句法题元（动词不定式）。形式上，原谓词顶点被新谓词代替，第二个深层句法题元节点上伸出一个带"5"的枝条，枝头节点是"не"。

在词汇规则 12 中，谓词顶点和第二个深层句法题元节点词汇基本不变，只是在这两个点上分别同时伸出"否定枝"。

第三类：第一句法题元不变，谓词被新谓词替换。

词汇规则 13～25 主要是利用词汇函数 Oper、Func、Labor 对谓词进行的拆分型转换，在转换过程中，第一句法题元不变。这里，需要提前对这三个词汇函数的下标进行说明，"1""2"表示括号内词所表示情景的主体名称和客体名称承担什么样的句法职能。

当 x＝情景名词，词汇函数 Oper_1 的要求：Oper_1（x）＝半虚义动词，当

$Oper_1$（x）作谓语时，x 作第一补语，x 所示情景主体的名称作主语。主体名称 + $Oper_1$（x）+ x 可以替换表示该情景的积极全义人称动词。

当 C_0 = 积极全义人称动词，S_0（C_0）、S_{res}（C_0）、S_{mod}（C_0）、S_{instr}（C_0）、$SingS_0$（C_0）、$Attr$（C_0）= 情景动名词、情景结果名词、情景方式名词、情景工具名词、情景动作单量名词、事物的典型换喻词。如果以这些名词为关键词，那么 $Oper_1$ 的主语应该是这些词所示情景的主体名称，而这些名词所示情景的主体也是关键词 C_0 所示情景的主体，也就是说 $Oper_1$（S_0（C_0））等的主语也是 C_0 所示情景的主体名称。

词汇函数 $Oper_1$ 的要求：当 C_0 = 名词时，$Oper_1$（C_0）+（C_0）的意义与 C_0 的动词派生词的意义相符，即"Pred（C_0）"。而当 C_0 = 名词时，Pred = Copul + C_0，最后得出，$Oper_1$（C_0）+（C_0）= Copul + C_0，即当 C_0 = 事物或人物名词时，$Oper_1$（C_0）是系动词或半系动词，相当于"是"的意义。

当 x = 情景名词时，词汇函数 $Labor_{21}$（x）表示：$Labor_{21}$（x）是半虚义动词，当 $Labor_{21}$（x）作谓语时，x 作第二补语，x 所示情景的客体名称作主语，主体名称作第一补语；当 C_0 = 积极全义人称动词时，S_1（C_0）是主体语义题元称名词，该词表示的情景的主、客体就是 C_0 情景的主、客体；S_2（C_0）是客体语义题元称名词，表示"被……的人"，该词所示情境的主体和客体是 C_0 所示情景的客体和主体。

当 x = 情景名词时，词汇函数 $Func_i$（x）本身要求：当 Func（x）作谓语时，情景名称作主语。$Func_1$（x）的第一补语是 x 所示情景的主体名称，$Func_0$（x）无补语。

当动词作谓语时，主语在深层句法层中是第一句法题元，而第一补语是第二句法题元，第二补语是第三句法题元，因为这里所讲的是深层句法结构的变化，所以采用深层句法题元的说法。

13. 名词/形容词与其同义述谓词的转换

Pred（C_0）$\Leftrightarrow$ Copul（C_0）$\xrightarrow{2}$ C_0 <5>

适用条件：C_0 = 名词或形容词

结构分析：积极全义人称动词 $\Leftrightarrow$ 系动词 $\xrightarrow{2}$ 名词/形容词

概括性语义：（主体）做什么 $\Leftrightarrow$（主体）是什么样的（什么人/物）

例如，Он учительствует. ⇔ Он работает учителем.

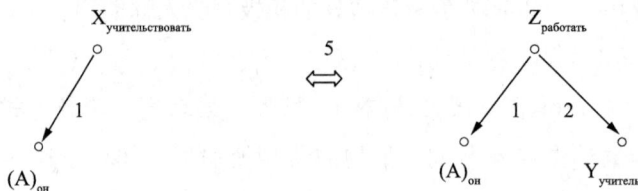

14. 谓词与（操作意义半虚义谓词＋情景动名词）的转换

$$C_0 \Leftrightarrow S_0\ (C_0) \overset{2}{\leftarrow} Oper_1\ (S_0\ (C_0)) \qquad <5,（倒 11），（13）>$$

适用条件：C_0 ＝ 积极全义人称动词

结构分析：积极全义人称动词 ⇔ 情景动名词 $\overset{2}{\leftarrow}$ 操作意义半虚义动词

概括性语义：（主体）做什么 ⇔ （主体）进行 C_0 表示的某事

例如，Фирма организует выстовки. ⇔ Фирма занимается организацией выстовок.

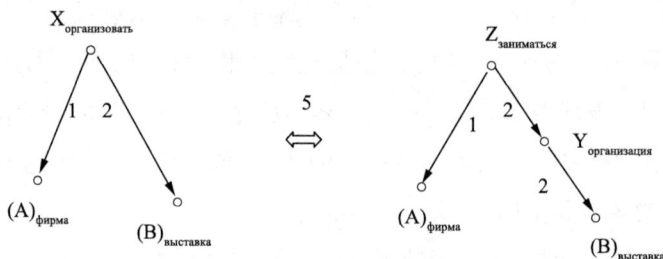

补充说明：实际上，这个规则与规则 13 最后的语义结构基本是一样的。差别主要是从不同的角度出发的转换，这个规则是以动词为关键词的转换，规则 13 是以名词和形容词为关键词的转换。

15. 谓词与（操作意义半虚义谓词＋主体语义题元称名词）的转换

$$C_0 \Leftrightarrow //S_1/A_1\ (C_0) \overset{2}{\leftarrow} Oper_1\ (S_1/A_1\ (C_0)) \qquad <5>$$

适用条件：C_0 ＝ 积极全义人称动词

结构分析：积极全义人称动词 ⇔ 主体语义题元称名词 $\overset{2}{\leftarrow}$ 操作意义半虚义动词

概括性语义：（主体）做什么事 ＝ （主体）是做什么的人/什么样的

例如，Он преподаёт русский язык. ⇔ Он работает преподавателем по русскому языку.

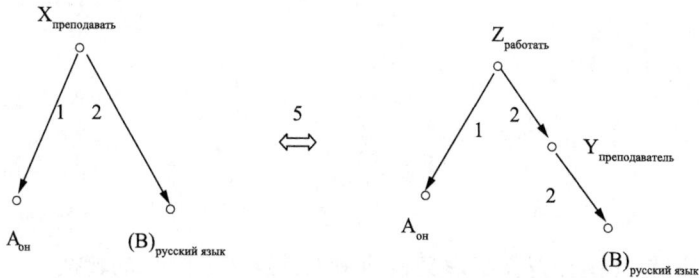

16. 谓词与（操作意义半虚义谓词＋结果名词）的转换

$$C_0 \Leftrightarrow //S_{res}(C_0) \overset{2}{\leftarrow} Oper_1(S_{res}(C_0)) \quad <5,（倒11）>$$

适用条件：C_0 ＝积极全义人称动词，及物动词

结构分析：积极全义人称动词 ⇔ 结果意义名词 $\overset{2}{\leftarrow}$ 操作意义半虚义动词

概括性语义：（主体）做什么 ⇔（主体）对情景结果进行什么动作

例如，Он реферируем дессертацию. ⇔ Он пишет реферат диссертации.

Он копирует документы. ⇔ Он снимает копии с документов.

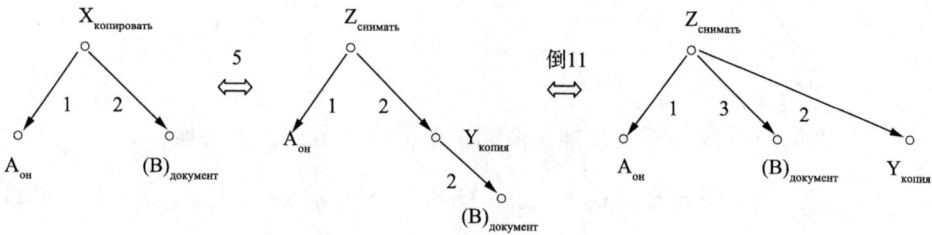

17. 谓词与（操作意义半虚义谓词＋方式名词）的转换

$$A \overset{5}{\leftarrow} C_0 \Leftrightarrow A \overset{5}{\leftarrow} //S_{mod}(C_0) \overset{2}{\leftarrow} Oper_1(S_{mod}(C_0)) \quad <5,（倒11）>$$

适用条件：C_0 ＝积极全义人称动词，A ＝评价性修饰成分

结构分析：副词＋积极全义人称动词 ⇔ 形容词 $\overset{5}{\leftarrow}$ 方式名词 $\overset{2}{\leftarrow}$ 操作意义半虚义动词

概括性语义：（主体）怎样做 ⇔（主体）做什么方式的事

例如，Он жил разгульно и весело. ⇔ Он вёл разгульную и весёлую жизнь.

Я шёл легко. ⇔ Я лёгкой походкой шёл.

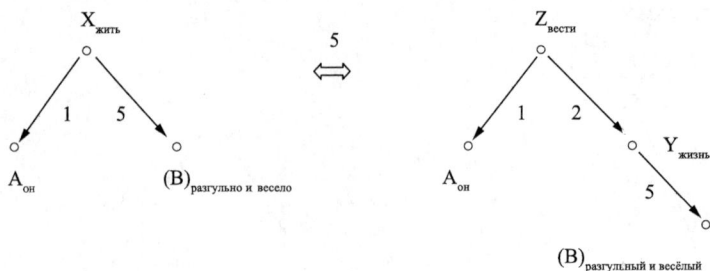

18. 谓词与（操作意义半虚义谓词＋工具意义名词）的转换

$$C_0 \Leftrightarrow //S_{instr}\ (C_0)\ \overset{2}{\leftarrow} Oper_1\ (S_{instr}\ (C_0))\qquad <5,\ （倒11）>$$

适用条件：C_0 ＝积极全义人称动词

结构分析：积极全义人称动词 ⇔ 工具名词 $\overset{2}{\leftarrow}$ 操作意义半虚义动词

概括性语义：（主体）做什么 ⇔ （主体）用情景工具做某事

例如，Он думает. ⇔ Он шевелит мозгами.

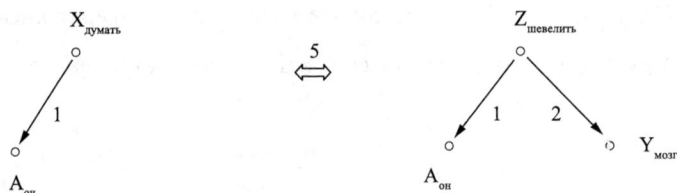

19. 谓词与（操作意义半虚义谓词＋单量意义名词）的替换

$$C_{0\,сов/несов} \Leftrightarrow //SingS_0\ (C_0)_{ед/мн} \overset{2}{\leftarrow} Oper_1\ (SingS_0\ (C_0))_{сов/несов} <5,\ （倒11）>$$

适用条件：C_0 ＝积极全义人称动词

结构分析：积极全义人称动词 ⇔ 单量动作名词 $\overset{2}{\leftarrow}$ 操作意义半虚义动词

概括性语义：（主体）一次/多次做什么 ⇔ （主体）进行一个或多个那样的动作

例如，Он низко поклонился ей. ⇔ Он отвесил ей низкий поклон.

$X_{поклониться}$

1　2　5

$A_{он}$　$(B)_{она}$　$(C)_{низко}$

$\overset{5}{\Longleftrightarrow}$

$Z_{отвесить}$

1　2

$A_{он}$　$Y_{поклон}$

2　5

$(B)_{она}$　$(C)_{низкий}$

倒11
$\Longleftrightarrow$

$Z_{отвесить}$

1　3　2

$A_{он}$　$(B)_{она}$　$Y_{поклон}$

5

$(C)_{низкий}$

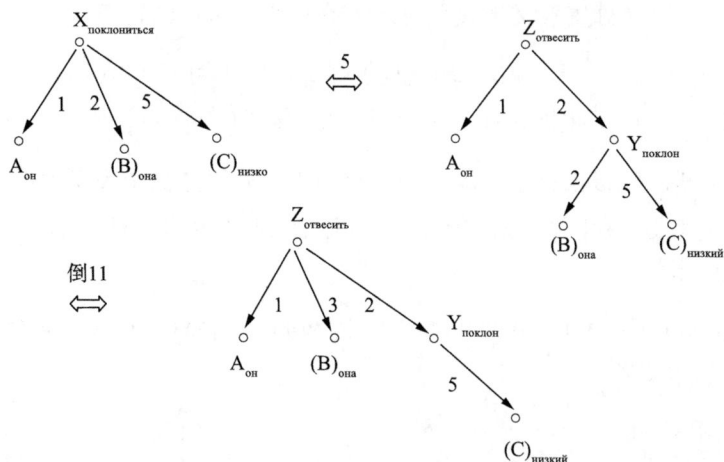

补充说明：这一词汇规则有一个突出的形态变化的规律，C_0 的完成体/未完成体形式对应 Sing S_0（C_0）的单/复数形式。

对词汇规则 13～19 的总结。

1）C_0 所示情景的主体、客体名称的句法角色的变化。

主体 + 客体

第一句法题元 + 第二句法题元 ⇔ 第一句法题元 + 第二个句法题元的从属成分。

2）深层句法结构的变化。

总体上：第一深层句法题元不变，原来谓词拆分成半虚义谓词 + 名词的形式，拆分出的名词成为新谓词的第二句法题元。从形式上看，顶点由半虚义谓词代替，并产生带数字"2"的枝条，枝头是集中原谓词的词汇意义的新生名词。

（1）如果原来谓词有第二深层句法题元，那么，这个枝条或直接转接到新生的名词节点上（用句法规则＜5＞），或者变成新谓词的第三个深层句法题元，这时，需要两步句法规则＜5＞和＜倒 11＞。

（2）如果原谓词有修饰性成分，即有带"5"的枝条，那么这个枝条转接到新生名词的节点，即新生的第二句法题元上，这一步需要补充句法规则＜13＞。

20. 谓词与（处置意义半虚义谓词＋情景动名词）的转换

$$C_0 \Leftrightarrow S_0 \ (C_0) \overset{3}{\leftarrow} \mathrm{Labor}_{12} \ (S_0 \ (C_0)) \qquad <8,（倒12），（15）>$$

适用条件：$C_0 ＝$ 积极人称全义动词，及物动词

结构分析：积极人称全义动词 ⇔ 动名词 $\overset{3}{\leftarrow}$ 处置意义半虚义动词

概括性语义：（主体）对（客体）做什么 ⇔（主体）使（客体）经受某种动作的处理

例如，Он обработал рукописи. ⇔ Он подверг рукописи обработке.

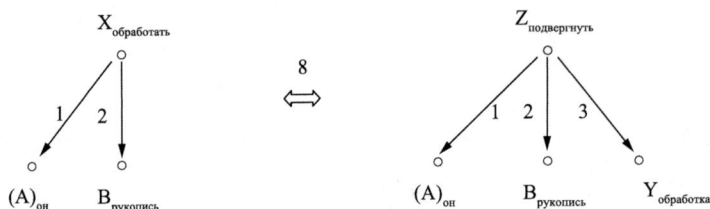

X$_{обработать}$　　　　　　　　　Z$_{подвергнуть}$

⇔　8

1　2　　　　　　　　　　1　2　3

(А)$_{он}$　В$_{рукопись}$　　　　(А)$_{он}$　В$_{рукопись}$　Y$_{обработка}$

C_0 所示情景的主体、客体名称的句法角色的变化：

主体＋客体

C_0 的第一句法题元＋C_0 的第二句法题元 ⇔ Labor_{12} （S_0 （C_0）） 的第一句法题元＋Labor_{12} （S_0 （C_0）） 的第二句法题元

深层句法结构的变化：原谓词语义拆分成处置意义半虚义谓词＋情景名词的形式，第一、第二句法题元不变。形式上，顶点被半虚义新谓词代替，并从顶点生发一条带数字"3"的枝条，枝头节点是情景名词。

如果原谓词有第三句法题元，这个句法题元有时直接转挂到情景名词上，这时用句法规则＜8＞，有时成为新谓词的第四句法题元，这时需要继续用句法规则＜倒12＞。

当原谓词顶点上有带"5"的枝条，在新的句法结构中，这个枝条转挂到原谓词的名词句法派生词的节点上，成为它的修饰成分，需要补充句法规则＜15＞。

21. 谓词与（处置意义半虚义谓词＋客体语义题元称名词）的转换

$$C_0 \Leftrightarrow //S_2 \ (C_0) \overset{3}{\leftarrow} \mathrm{Labor}_{12} \ (S_2 \ (C_0))❶ \qquad <8>$$

---

❶ Мельчук（Мельчук，1999：154）所给的形式化表达式中，Labor 的下标是"21"，是不对的，应改为"12"。

适用条件：C_0 = 积极人称全义动词，及物动词

结构分析：积极人称全义动词 ⇔ 客体语义题元称名词 $\xleftarrow{3}$ 处置意义半虚义动词

概括性语义：（主体）对（客体）做什么 ⇔（主体）把（客体）当作接受某事的人

例如，Я лечу Пётра. ⇔ Я имею Пётра своим пациентом.

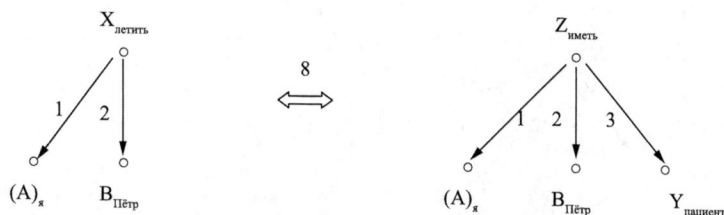

C_0 所示情景的主体、客体名称的句法角色的变化：

与规则 20 一致。

深层句法结构的变化：

与规则 20 一致。

22. 同一关键词的操作意义半虚义谓词与处置意义半虚义谓词的转换

$Oper_1$（C_0）⇔ $Labor_{12}$（C_0）< 倒 11，21 >/< 21 >

适用条件：C_0 = 代表某种情境的名词或动名词

结构分析：操作意义半虚义动词 ⇔ 处置意义半虚义动词

概括性语义：（主体）对（客体）进行 C_0 表示的某事 ⇔（主体）使（客体）处于情景动作的处理中

例如，Он осуществил серьёзную переработку романа. ⇔ Он подверг роман серьёзной переработке.

Он выполнил над фразой следующую трансформацию. ⇔ Он подверг фразу следующей трансформации.

$X_{\text{осуществить}}$　　　倒11　　　Y

1　2　$B_{\text{переработка}}$　⇔　1　2　3

$A_{\text{он}}$　　2　　　　　$A_{\text{он}}$　$B_{\text{переработка}}$　$C_{\text{роман}}$

　　　$C_{\text{роман}}$

21　　　$Y_{\text{подвергнуть}}$

⇔　1　2　3

$A_{\text{он}}$　$C_{\text{роман}}$　$B_{\text{переработка}}$

$X_{\text{выполнить}}$　　　21　　　$Y_{\text{подвергнуть}}$

1　2　3　⇔　1　2　3

$A_{\text{он}}$　$B_{\text{трансформация}}$　$C_{\text{фраза}}$　　　$A_{\text{он}}$　$C_{\text{фраза}}$　$B_{\text{трансформация}}$

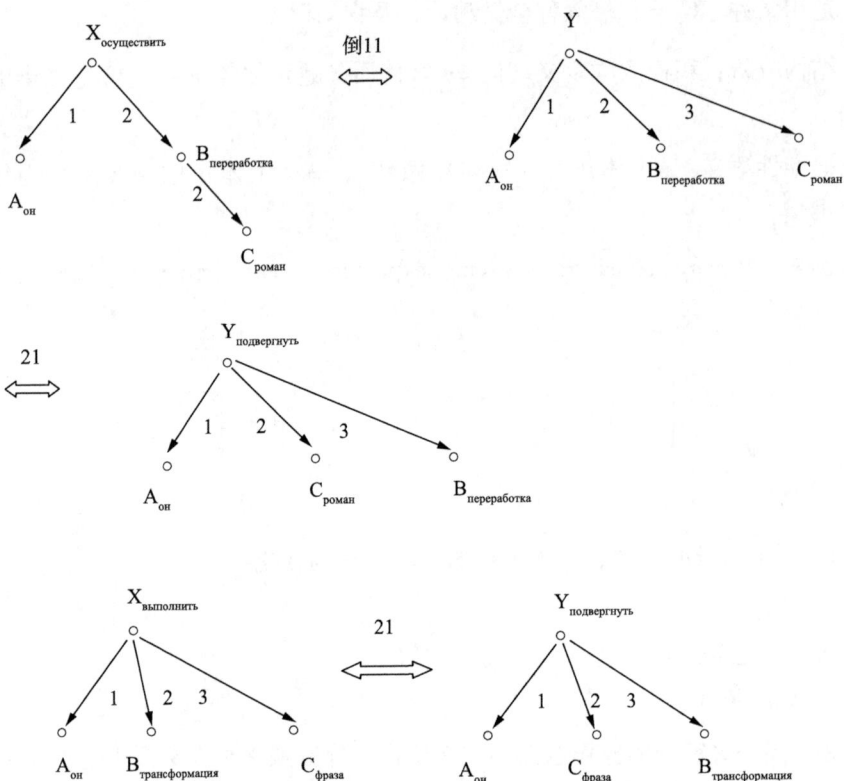

当用 $Oper_1$（C_0）+ 情景名词表示情景时，除了情景名词作第二句法题元，情景主体的名称作第一句法题元外，客体名称有两种可选的句法角色，或者是 $Oper_1$（C_0）的第三句法题元，或者是第二句法题元的从属成分。因此在向其他结构转换时就会出现两种情况。在下面的词汇规则 41 中还会遇到这个情况，将不再重复。

C_0 所示情景的主体、客体名称的句法角色的变化：

主体 + 客体

$Oper_1$（C_0）的第一句法题元 + $Oper_1$（C_0）的第三句法题元 ⇔ $Labor_{12}$（C_0）的第一句法题元 + $Labor_{12}$（C_0）的二句法题元。

$Oper_1$（C_0）的第一句法题元 + $Oper_1$（C_0）的第二句法题元的从属成分 ⇔ $Labor_{12}$（C_0）的第一句法题元 + $Labor_{12}$（C_0）的第二句法题元。

深层句法结构的基本变化：谓词由一个半虚义动词转化为另一个半虚义动词，第一句法题元不变。

23. 同一关键词的不同的功能意义半虚义谓词之间的转换

$Func_1$（C_0）$\Leftrightarrow$ $Func_0$（C_0）　　< 9 >

适用条件：C_0 = 代表情境的名词或动名词，经常是表示积极的意志活动、思想活动的结果的名词

结构分析：功能意义半虚义动词 ⇔ 另一个功能意义半虚义动词

概括性语义：（有什么样内容的事物）属于/源自于（主体）⇔（谁的有什么样内容的事物）正在存在/发生

例如，Ему принадлежит идея привлечь λ-оператор. ⇔ Имеется его идея привлечь λ-оператор.

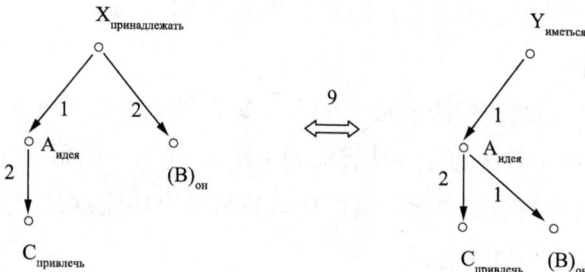

C_0 所示情景的主、客体名称的句法角色的变化：

主体 + 客体

$Func_1$（C_0）的第二句法题元 + $Func_1$（C_0）的第一句法题元的从属成分 ⇔ $Func_0$（C_0）的第一句法题元的从属成分 + $Func_0$（C_0）的第一句法题元的从属成分

深层句法结构的变化：谓词顶点被另一个功能意义半虚义谓词代替，第一句法题元始终是情景名词。如果原谓词有第二句法题元，那么这个句法题元（情景主体名称）成为情景名词的从属成分，关系是 "1"。

24. 同一关键词的不同的功能意义半虚义谓词之间的转换

$Func_1$（C_0）$\Leftrightarrow$ $Func_2$（C_0）　　< 倒 25 >

适用条件：C_0 = 代表某种情境的名词或动名词，名词经常是积极的意志活动、思想活动结果的名称

结构分析：功能意义半虚义动词 ⇔ 另一个功能意义半虚义动词

概括性语义：（有什么内容的情景事物）属于/源自于（主体）⇔（谁的）

情景事物是什么样内容。

例如，Ему принадлежит идея привлечь оператора. ⇔ Его идея состоит в привлечении оператора.

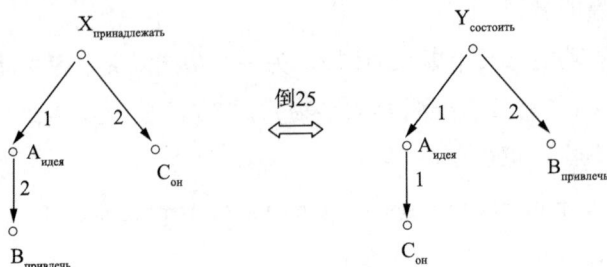

C_0 所示情景的主、客体名称的句法角色的变化：

主体 + 客体

$Func_1$（C_0）的第二句法题元 + $Func_1$（C_0）的第一句法题元的从属成分 ⇔ $Func_2$（C_0）的第一句法题元的从属成分 + $Func_2$（C_0）的第二句法题元。

深层句法结构的基本变化：谓词顶点被另一个功能意义半虚义动词代替。第一句法题元始终是情景名词。

25.（操作意义半虚义谓词 + 事物名词）与（另一个操作意义半虚义谓词 + 事物的典型换喻词）的转换

$$Oper_1（C_0）\xrightarrow{2} C_0 \Leftrightarrow Oper_1（Attr（C_0））\xrightarrow{2} Attr（C_0）$$

适用条件：C_0 = 事物名词

结构分析：操作意义半虚义动词 $\xrightarrow{2}$ 名词 ⇔ 另一个操作意义半虚义动词 $\xrightarrow{2}$ 事物的典型换喻词

概括性语义：（主体）对什么样的人或事进行某事 ⇔（主体）对其换喻物做什么

例如，Вчера он ещё был школьником. ⇔ Вчера он ещё сидел за партой.

C_0 所示情景的主体名称的句法角色不变。

深层句法结构的变化：第一句法题元没变，原半虚义谓词顶点被新半虚义谓词代替，原 C_0 节点被新的节点 Attr（C_0）代替。句法关系也没有改变，不需要相匹配的句法规则。

第三类词汇规则总结：

深层句法结构的变化：总体上，第一句法题元不变，谓词由新的半虚义谓词代替。

规则 13～21 属于拆分型替换，是关键词与两个词汇函数构成的词组之间的转换，其中 14～21 中以积极全义人称动词为关键词。

规则 22～25 不属于拆分型替换，是关键词的一个词汇函数值与另一个词汇函数值之间的转换，都是以名词为关键词的替换。

第四类：谓词被新谓词替换，原来的句法题元互相换位。

词汇规则 26～35 都是谓词与其题元换位词的转换，在深层句法结构中谓词词汇改变了，作为句法题元的词汇本身没有改变，只是改变了位置。

因为在迂喻法转换规则中不处理同一动词与其消极被动形式之间的转换，所以互为题元转换关系的动词都是积极人称全义动词。这意味着，用关键词和题元换位词表示同一情景时，语义题元和句法题元的对应是固定的，即主体——第一句法题元，第一客体——第二句法题元，第二客体——第三句法题元，第三客体——第四句法题元。变动的是，具体的情景参与者在不同的题元换位词的上下文中承担的语义角色和句法角色不同。

可以这样表示它们的关系：

具体情景参与者：A　　　　B　　　　C　　　　D（关键词）

具体情景参与者：B　　　　A　　　　C　　　　D（题元换位词）

语义题元：　　　主体　第一客体　第二客体　第三客体

句法题元：第一句法题元 第二句法题元 第三句法题元 第四句法题元

例如，$C_0 \Leftrightarrow \text{Conv}_{21}$ 表示作为 C_0 情景的客体（C_0 的第二句法题元）的具体参与者变成了题元转换词 Conv_{21} 所示情景的主体，参与者名词变成了相应谓词的第一句法题元。

26～33. 谓词与题元转换词的替换

适用条件：C_0 = 积极全义人称动词

26. $C_0 \Leftrightarrow \text{Conv}_{21} < 19 >$

例如，Множество M содержит также элемент X. ⇔ Множеству M принадлежит также элемент X.

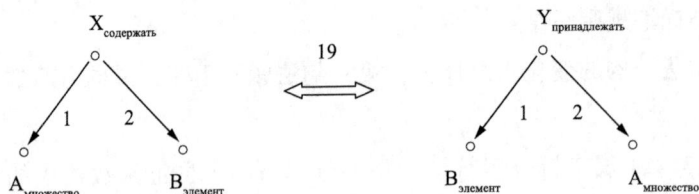

深层句法结构的变化：深层句法结构中第一、第二个句法题元之间相互换位。

27. $C_0 \Leftrightarrow Conv_{132} < 21 >$

例如，Он обучает их языку. ⇔ Он преподаёт им язык.

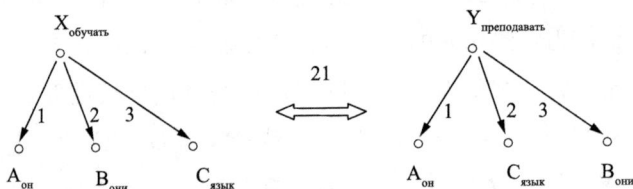

深层句法结构的变化：第二、第三个句法题元相互换位。

28. $C_0 \Leftrightarrow Conv_{231} < 20, 19 >$

例如，Он обучает их языку. ⇔ Они изучают с ним язык.

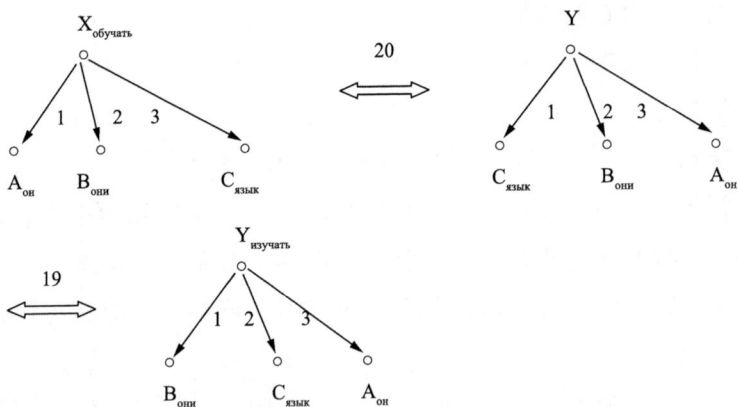

深层句法结构的变化：第二、第三、第一句法题元分别成为第一、第二、第三句法题元。

29. $C_0 \Leftrightarrow Conv_{1432} < 21, 22, 21 >$

例如，Он купил у Пётра книгу за 15 рублей. ⇔ Он заплатил Пётру за книгу 15 рублей.

$X_{\text{купить}}$ 　　　　　　 Y 　　21　　　　　22

1　2　3　4 　　　　　　　1　2　3　4

$A_{\text{он}}$　$B_{\text{книга}}$　$C_{\text{Пётр}}$　$D_{\text{рубль}}$　　A　C　B　D

Y 　　21　　　　$Y_{\text{заплатить}}$

1　2　3　4 　　　　　1　2　3　4

A　B　C　D 　　　$A_{\text{он}}$　$D_{\text{рубль}}$　$C_{\text{Пётр}}$　$B_{\text{книга}}$

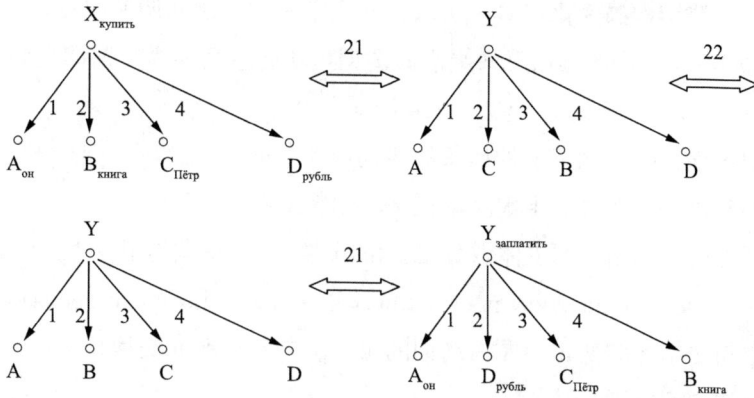

深层句法结构的变化：第一、第四、第三、第二个句法题元分别成为第一、第二、第三、第四句法题元。

30. $C_0 \Leftrightarrow \text{Conv}_{3214} <20>$

深层句法结构的变化：第一、第三句法题元相互换位。

31. $C_0 \Leftrightarrow \text{Conv}_{142} <22, 21>$

深层句法结构的变化：第一句法题元不变，第三句法题元不出现，第四、第二句法题元分别变成了第二、第三句法题元。

32. $C_0 \Leftrightarrow \text{Conv}_{241} <22, 19, 21>$

深层句法结构的变化：第三句法题元不出现，第二、第四、第一句法题元分别变成了右边的第一、第二、第三句法题元。

33. $C_0 \Leftrightarrow \text{Conv}_{412} <22, 21, 22, 19>$

深层句法结构的变化：原来的第三句法题元不出现，左边的第四、第一、第二句法题元分别变成了右边的第一、第二、第三句法题元。

34. 同一关键词的不同的处置意义半虚义谓词之间的转换

$\text{Labor}_{12} (C_0) \Leftrightarrow \text{Labor}_{32} (C_0)$ 　　　$<20>$

适用条件：$C_0 =$ 代表某种情景的名词或动名词

结构分析：处置意义半虚义动词 ⇔ 另一个处置意义半虚义动词

概括性语义：（主体）使（第一客体）处于情景处理中 ⇔ （第二客体）使（第一客体）处于情景处理中

例如，Он взял в долг 1000 рублей у Пётра. ⇔ Пётр дал ему в долг 1000 рублей.

深层句法结构的变化：第一句法题元和第三句法题元调换位置。

35. 同一关键词的操作意义半虚义谓词与功能意义半虚义谓词之间的转换

$Oper_1$（C_0）⇔ $Func_1$（C_0）　　< 19 >

适用条件：C_0 = 代表某种情景的名词或动名词

结构分析：操作意义半虚义动词 ⇔ 功能意义半虚义动词

概括性语义：情景的主体做 C_0 表示的某事 ⇔ 情景事物源自于（情景主体）

例如，Здесь инициотиву проявил он. ⇔Здесь инициотива исходила от него.

深层句法结构的变化：左右动词的第一、二句法题元交换位置。

第四类词汇规则总结：

深层句法结构的变化：总体上，顶点由新的谓词代替，句法题元节点仍然是句法题元节点，但是编号改变了。

规则 26 ~ 33 是动词关键词与题元换位词之间的转换。规则 34 ~ 35 是以情景名词为关键词的半虚义动词词汇函数之间进行的转换。

对某些句法规则使用的说明：题元转换词之间的转换有时候需要几个基本的题元换位句法规则（见句法规则）。为了节约篇幅，这里不一一列举它们的深层句法结构。

第五类：述谓中心由原来的谓词转移到其限定成分上。

这一类词汇规则处理的是动词与其同义副词之间的转换，与它们组合的其他成分也需要同时变换。属于这一规则的有规则 36 ~ 39。

词汇规则 36、38、39 都是以词汇函数 Adv_{ix} 为基础由动词向副词转换的词汇规则。在词汇函数清单中，关于下标代表的意义曾经进行过讨论，这里强调一下，因为笔者无法对 Мельчук 的术语 Adv_{ix} 中的下标"i"给出统一的解释，前三个规则笔者以"关于语义合成"中的词汇规则的表示方法为准，即用 Adv_x 的形式。括号中附上笔者没有选择的那个形式化表述方式。

36. 谓词与其同义副词之间的转换

C_0⇔ Adv_A（C_0）　　［C_0⇔ Adv_{0A}（C_0）］　　< 1 >

适用条件：C_0 = 积极全义人称动词，第一句法题元具有述谓性

结构分析：积极全义人称动词 ⇔ C_0 的同义副词

例如，Его работа становится хуже. ⇔ Он работает всё хуже.

Рост цен сопровождает кризис. ⇔ Цены растут вместе с кризисом.

$X_{становиться}$

$A_{работа}$ (В)$_{хуже}$

$C_{он}$

1 ⟺

$A_{работать}$

$C_{он}$ $Y_{всё}$

(В)$_{хуже}$

$X_{сопровождать}$

$A_{рост}$ (В)$_{кризис}$

$C_{цена}$

1 ⟺

$A_{ростить}$

$C_{цена}$ $Y_{вместе с}$

(В)$_{кризис}$

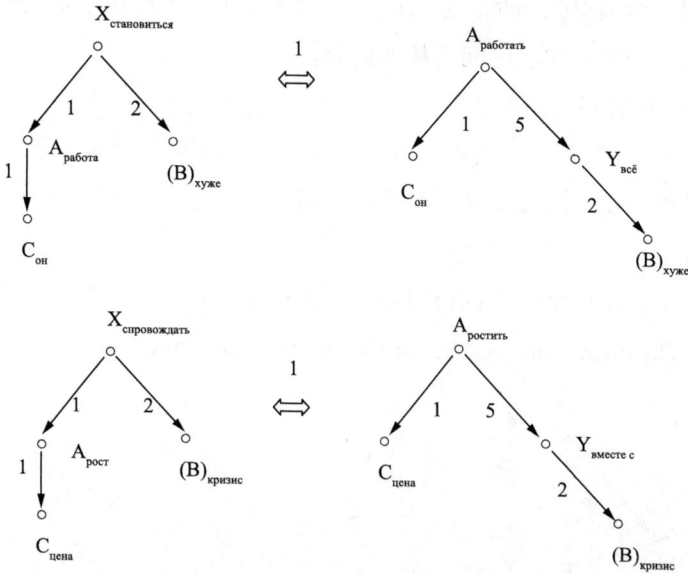

深层句法结构的变化：左边的第一个句法题元转换为谓词，同时原来的谓词变成了副词。形式上，第一个句法题元与谓词之间箭头转向，数字变为"5"，第一句法题元节点提升为顶点。原来第一个句法题元的从属成分变成了新谓词的从属成分，同时原来谓词的从属成分变成了副词性限定成分的从属成分。

37. 副词与其同义述谓词的转换

$C_0 ⟺ Pred（C_0）$ ＜倒1＞

适用条件：C_0 = 副词

结构分析：副词 ⟺ 与其意义相同的动词

Он появился своевременно. ⟺ Его появление Pred（своевременный）$_{сов, прош.}$

$X_{являться}$

(А)$_{он}$ $B_{своевременно}$

倒1 ⟺

$B_{своевременно}$

$Y_{явление}$

(А)$_{он}$

深层结构的变化：副词性限定成分变成谓词，谓词变成第一句法题元。形式上，谓词和副词性限定成分之间的箭头转向，数字改为"1"，副词性限定成分节点提升为顶点。同时，原来的第一句法题元仍然挂在原谓词的对应节点上，即变成新的第一句法题元的从属成分。

38. 谓词与其同义副词之间的转换

$$C_0 \Leftrightarrow Adv_B (C_0) \qquad [C_0 \Leftrightarrow Adv_{1B} (C_0)] \qquad <2>$$

适用条件：C_0 = 积极全义人称动词，第二句法题元（第--客体语义题元）具有述谓性

结构分析：积极全义人称动词 ⇔ C_0 的同义副词

例如，Он поспешил выйти. ⇔ Он поспешно вышел.

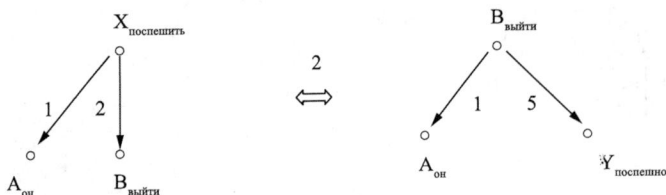

深层句法结构的变化：左边的第二个句法题元转换为谓词，同时原来的谓词变成了副词性限定成分。形式上，第二个句法题元与谓词之间箭头转向，数字变为"5"，第二句法题元节点提升为顶点。第一句法题元不变。

39. 谓词与其同义副词之间的转换

$$C_0 \Leftrightarrow Adv_C (C_0) \qquad [C_0 \Leftrightarrow Adv_{1C} (C_0)] \qquad <3>$$

适用条件：C_0 = 积极全义人称动词，第三句法题元具有述谓性

结构分析：积极全义人称动词 ⇔ C_0 的同义副词

例如，Они закончили поход посещением Самарканда. ⇔ В конце похода они посетили Самарканд.

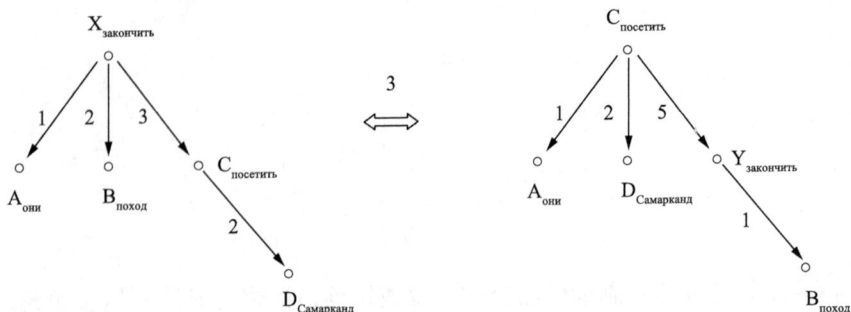

深层句法结构的变化：左边的第三个句法题元转换为谓词，同时原来的谓词变成了副词性限定成分。形式上，第三个句法题元与谓词之间箭头转向，数字变为"5"，第三句法题元节点提升为顶点。第一句法题元不变，原来第三句法题元的从属成分变成了新谓词的从属成分，原来谓词的第二句法题元转换为新副词的从属成分。

第五类词汇规则总结：

深层句法结构的变化：总体上，谓词顶点都变成了限定性成分节点，形式上，即带"5"的箭头指向的节点。

36、38、39 关键词的特点：

关键词的第一（或第二、第三）个句法题元，即要变成谓词的词本身要具有述谓性，如 усиление、выйти、посещение 等。在转换的过程中，本身的某些从属成分仍然继续跟随。

某些词汇规则之间的关系：

（1）规则 13：$\text{Pred}（C_0）\Leftrightarrow \text{Copul}（C_0）\xrightarrow{2} C_0$ 与规则 37：$C_0 \Leftrightarrow \text{Pred}（C_0）$

借助 Pred 进行转换的词汇规则只有两个：

规则 13. $\text{Pred}（C_0）\Leftrightarrow \text{Copul}（C_0）\xrightarrow{2} C_0$

规则 37. $C_0 \Leftrightarrow \text{Pred}（C_0）$

这两个规则描述的都是 Pred 与它的异词类同义派生词之间的转换，Pred 的派生词可以有名词、形容词、副词等。Мельчук 并没有指出这两个规则中 C_0 的词类范围。经过分析发现，能作为系动词 Copul（C_0）的第二个句法题元的可以是名词和形容词，但不是副词。因此可以推导出，规则 13 中 C_0 属于名词、形容词，而在规则 37 中，C_0 属于副词。实例和相同的句法规则也证明了这个判断。

（2）规则 36：$C_0 \Leftrightarrow \text{Adv}_A（C_0）$ 与规则 37：$C_0 \Leftrightarrow \text{Pred}（C_0）$

词汇规则 37 是词汇规则 36 的反向规则。在词汇函数清单中曾经提过：Perd 和 Adv_x 有交叉的部分，都处理动词和副词之间的对应关系。因为转换出发的角度不同，Adv_x 是从动词出发，Perd 从副词出发，所以它们从相反的方向使用同一个句法规则。

从线性例证中还可以得出这样一个结论：在中性线性文本中，左右结构词语的顺序几乎都不改变，只是涉及的词本身分别转换为各自的异词类同义派生词。

例证的线性形式：

$$\text{Adv}_A \qquad\qquad\qquad\qquad V$$

Он **работает** **всё** хуже. ⇔ Его **работа** **становится** хуже.

Цены **растут** **вместе с** кризисом. ⇔ **Рост** цен **сопровождает** кризис.

$$C_0 \qquad\qquad\qquad\qquad \text{Pred}（C_0）$$

Он **появился** **своевременно**. ⇔ Его **появление** **Pred**（**своевременный**）$_{\text{сов,прош}}$.

$$\text{Adv}_B \qquad\qquad\qquad\qquad V$$

Он **поспешно** **вышел**. ⇔ Он **поспешил** **выйти**.

$$\text{Adv}_C \qquad\qquad\qquad\qquad V$$

Они **закончили** поход **посещением** Самарканда. ⇔ **В конце** похода они **посетили** Самарканд.

第六类：谓词与句法题元关系的复杂变化。

词汇规则 40 ~ 46 涉及的深层句法结构的变化比较复杂。或者是谓词本身改变了，同时句法题元之间的关系也改变了。或者是某些句法题元变成了谓词，同时第一句法题元也改变了，还有其他复杂的情况。

40. 谓词与客体语义题元称名词的替换

$$C_0 ⇔ //S_2/A_2（C_0）\overset{2}{←} \text{Oper}_1（S_2/A_2（C_0）） \qquad <7，倒 26>$$

适用条件：C_0 = 积极全义人称动词，及物动词

结构分析：积极全义人称动词 ⇔ 客体语义题元称名词或形容词 $\overset{2}{←}$ 操作意义半虚义动词

$S_2/A_2（C_0）$ 是情景动作的接受者概括性称名词或表示其典型特征的形容词。当 $\text{Oper}_1（x）$ 中 x 是表示某种人的名词或形容词时，$\text{Oper}_1（x）$ 基本上等同于 Copul 或其他半系动词，相当于"是"。

概括性语义：（主体）做什么事 ⇔ （客体）是做什么的人/被怎么样的

例如，Его обслуживала Маша. ⇔ Он был клиентом.

Меня учительствует Андрей. ⇔ Я являюсь учеником Андрея.

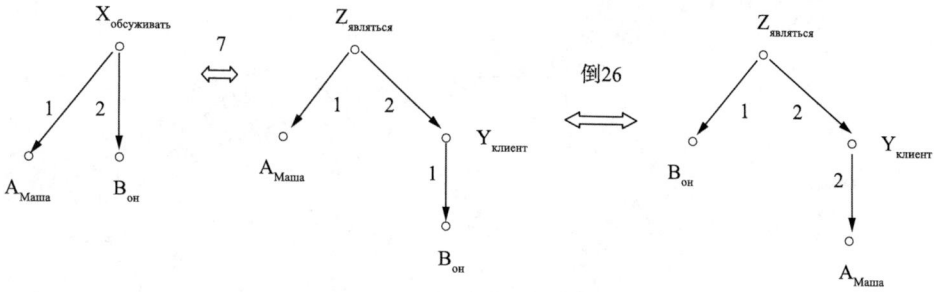

C_0 所指情景的主体、客体名称的句法角色的变化：

主体 + 客体

C_0 的第一句法题元 + C_0 的第二句法题元 ⇔ $Oper_1$（S_2/A_2（C_0））的第二句法题元的从属成分 + 第一句法题元。

深层句法结构的变化：原谓词被拆分成新谓词 + 客体语义题元称名词的形式。形式上，顶点被半虚义谓词代替，并生发出一个带 "2" 的枝条，枝头是客体语义题元称名词。原第二句法题元变成了新谓词的第一句法题元。

41. 操作意义半虚义谓词之间的转换

$Oper_1$（C_0）⇔ $Oper_2$（C_0）　　< 20，10 > / < 26，（倒 10）>

适用条件：C_0 = 代表某种情景的名词或动名词

结构分析：操作意义半虚义动词 ⇔ 另一个操作意义半虚义动词

概括性语义：（情景主体）进行 C_0 表示的事 ⇔ （情景客体）进行 C_0 表示的事

例如，Он оказал мне помощь. ⇔ Я получила помощь из него.

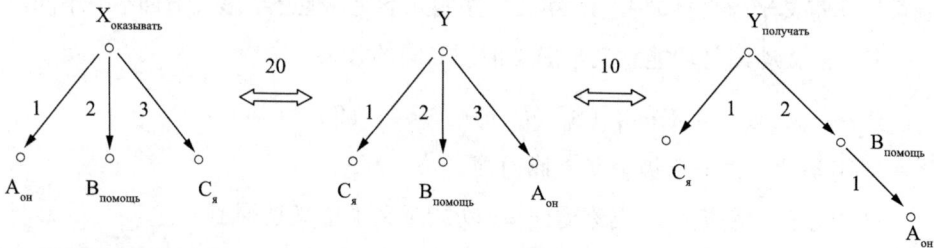

Директор проявил полное понимание точки зрения месткома. ⇔ Точка зрения местокома встретила у директора полное понимание.

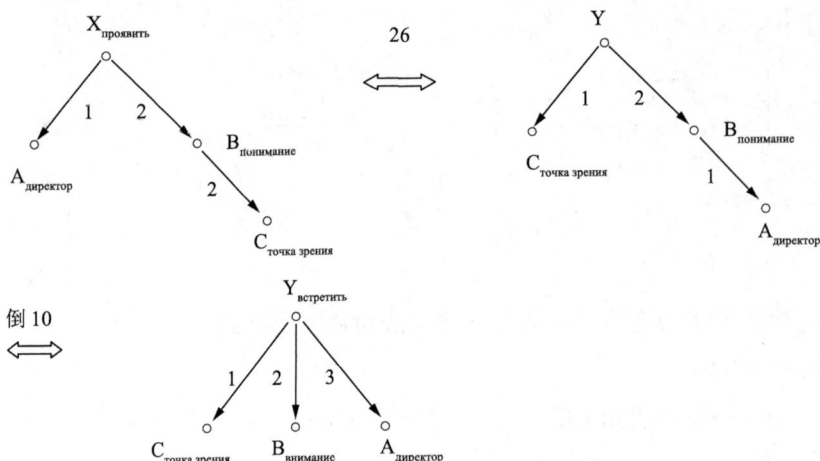

C_0 所示情景的主体、客体名称的句法角色的变化：

（1）第一种情况

主体 + 客体

$Oper_1$（C_0）的第一句法题元 + $Oper_1$（C_0）的第三句法题元 ⇔ $Oper_2$（C_0）的第二句法题元的从属成分 + $Oper_2$（C_0）第一句法题元。

（2）第二种情况

主体 + 客体

$Oper_1$（C_0）的第一句法题元 + $Oper_1$（C_0）的第二句法题元的从属成分 ⇔ $Oper_2$（C_0）的第三句法题元 + $Oper_2$（C_0）的第一句法题元。

深层句法结构的基本变化：在两种情况中，左右深层句法结构的顶点谓词都被操作意义半虚义动词占据，第二句法题元不变，但是半虚义谓词本身不同。

42. 全义动词与功能意义半虚义谓词之间的替换

$C_0 \Leftrightarrow S_0（C_0）\overset{3}{\leftarrow}Func_1（S_0（C_0））$ $<4，（9），（14）>$

适用条件：C_0 = 积极全义人称动词

结构分析：积极全义人称动词 ⇔ 功能意义半虚义动词

当 C_0 表示对别人产生一定影响的表述、决定、意愿等积极行为时，$Func_1$（S_0（C_0））具有"源自于、属于"的概括性意义。

当 C_0 表示主体的身体、心理、情感等状态时，$Func_1$（S_0（C_0））有"影响、袭击"等意义。

概括性语义：（谁）做什么 ⇔ 情景事物源自于（情景主体）

例如，Он дрожит. ⇔ Его пробирает дрожь.

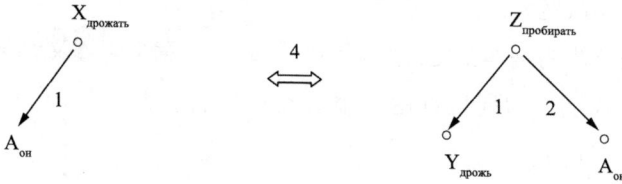

$$X_{\text{дрожать}} \xrightarrow{\ 1\ } A_{\text{он}} \quad \overset{4}{\Longleftrightarrow} \quad Z_{\text{пробирать}} \xrightarrow{1,2} \{Y_{\text{дрожь}},\ A_{\text{он}}\}$$

Друзья порадовались. ⇔ Друзей охватила радость.

C_0 所示情景的主体名称承担句法角色的变化：

主体

C_0 的第一句法题元 ⇔ $Func_1\ (S_0\ (C_0))$ 的第二句法题元。

深层句法结构的变化：

最基本的变化是：谓词拆分为情景名词 + 功能意义半虚义动词的形式，情景名词作主语。形式上，谓词顶点被半虚义谓词代替，并新生一条带 "1" 的枝条，枝头是情景名词节点。原来的第一句法题元转换为第二句法题元。

如果原谓词顶点上有一个带 "5" 的枝，即谓词有修饰性成分，那么带 "5" 的枝条转移到情景名词节点上，即第一个深层句法题元上。

43. 全义动词与处置意义半虚义谓词的替换

$$C_0 \Longleftrightarrow //S_1\ (C_0)\ \overset{3}{\longleftarrow}\ Labor_{21}\ (S_1\ (C_0)) \qquad <8,\ 19>$$

适用条件：C_0 = 积极全义人称动词，及物动词

结构分析：积极全义人称动词 ⇔ 主体语义题元称名词 $\overset{3}{\longleftarrow}$ 处置意义半虚义动词

概括性语义：（主体）对（客体）做什么 ⇔ 客体把主体当作什么样的人

例如，Вы гостите у меня. ⇔ Я имею вас своим гостем.

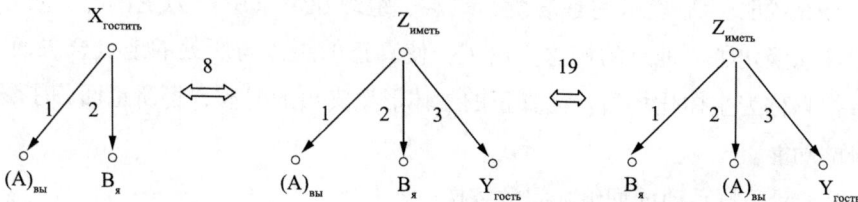

$$X_{\text{гостить}} \xrightarrow{1,2} \{(A)_{\text{вы}},\ B_{\text{я}}\} \quad \overset{8}{\Longrightarrow} \quad Z_{\text{иметь}} \xrightarrow{1,2,3} \{(A)_{\text{вы}},\ B_{\text{я}},\ Y_{\text{гость}}\} \quad \overset{19}{\Longrightarrow} \quad Z_{\text{иметь}} \xrightarrow{1,2,3} \{B_{\text{я}},\ (A)_{\text{вы}},\ Y_{\text{гость}}\}$$

C_0 所示情景主体与客体承担句法角色的变化：

主体 + 客体

C_0 的第一句法题元 + C_0 的第二句法题元 ⇔ $Labor_{21}$ （S_1 （C_0）） 的第二句法题元 + 第一句法题元。

深层句法结构的基本变化：原谓词拆分成处置意义半虚义动词 + 情景名词的形式。从形式上，谓词顶点由半虚义动词代替，并生发出一个带"3"的枝，枝头是 S_1 （C_0）。

44. 组织名词与表示以组织定位的词组的替换

$$C_0 ⇔ Loc_{in} （C_0） \overset{2}{\rightarrow} C_0 \quad < 24 >$$

适用条件：C_0 = 某种组织的名称

结构分析：组织名词 ⇔ 定位词 $\overset{2}{\rightarrow}$ 组织名词

概括性语义：组织（做什么）⇔ 在组织里（做什么）

例如，Корпорация《Ай-Би-Эм》производит электронную технику. ⇔ В корпорации《Ай-Би-Эм》производят электронную технику.

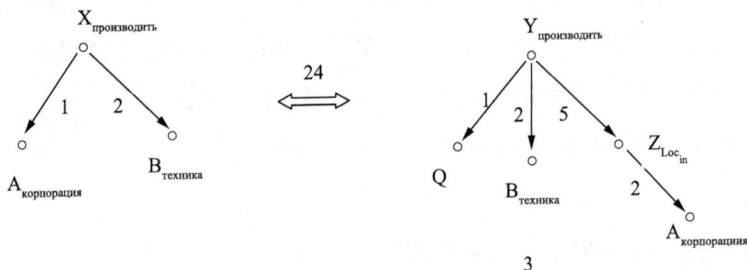

深层句法结构的变化：谓词不变，第一句法题元变成了谓词限定语的从属成分。形式上，顶点谓词不变，新谓词生发出带"5"的枝条，枝头是 Loc_{in} （C_0），该节点上又生发出一个枝条，枝头是原谓词的第一句法题元。而原谓词的第一句法题元的位置上改为不定人称的形式。

补充说明：C_0 表示的是场所、地点、组织在情景中作为主体时，真正主体的概念淡化了，地点的概念突出了，使真正的主体与所处的地点合二而一，笔者把它称为主体化场所。当真正的主体形象突出的时候，场所也回归了场所本身的功能。

45. 谓词与系动词词组之间的替换

$$C_0 \overset{5}{\rightarrow} Loc_{in} ⇔ //S_{Loc} （C_0） \overset{2}{\leftarrow} Copul （S_{Loc} （C_0）） \quad <6 >$$

适用条件：C_0 = 动词，表示某种经常有规律发生的行为或状态的动词，如 жить, обитать, работать 等

结构分析：动词 $\overset{5}{\rightarrow}$ 定位词 ⇔ 地点状态元称名词 $\overset{2}{\leftarrow}$ 系动词

概括性语义：在（哪儿）做什么 ⇔（哪儿）是做什么的地方

例如，В этом лесу обитали дикие коты. ⇔ Местом обитания диких котов является этот лес.

Гражданин Петров постоянно проживает в Чухломе. ⇔ Постоянным местожительством гражданина Петрова является Чухлома.

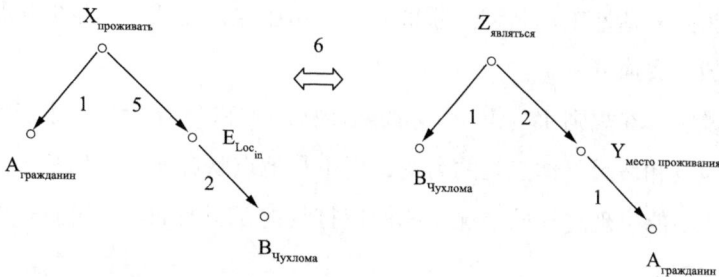

C_0 所示情景的主体的句法角色的变化：

主体

C_0 第一句法题元 ⇔ 第二句法题元的从属成分。

深层句法结构的基本变化：原谓词的限定性成分 Loc_{in} 的第二句法题元转换为新谓词的第一句法题元。原谓词顶点由系动词代替，并伸出一个带 "2" 的枝，其枝头是概括性地点名称。

46. 谓词与系动词词组之间的替换

$$C_0 \overset{5}{\rightarrow} Instr \Leftrightarrow //S_{instr}(C_0) \overset{2}{\leftarrow} Copul(S_{instr}(C_0)) \quad <6>$$

适用条件：C_0 = 动词，是表示某种积极行为或活动的动词，如 бороться, убеждать 等

结构分析：动词 $\overset{5}{\rightarrow}$ 工具意义前置词（介词）⇔工具状态元称名词 $\overset{2}{\leftarrow}$ 系动词

概括性语义：用（什么）做什么 ⇔（什么）是做什么的手段

Убеждают только при помощи фактов. ⇔ Поводом（следством убеждения）являются только факты.

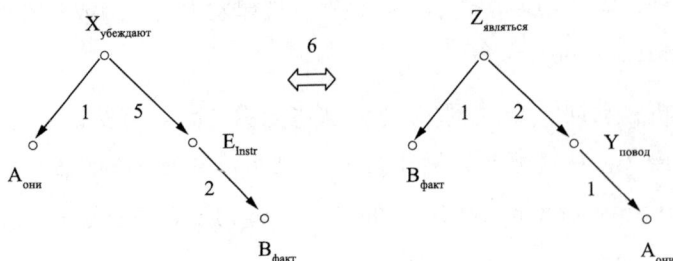

深层句法结构的变化：原谓词的限定成分 Instr 的第二句法题元转换为新谓词的第一句法题元，而原谓词顶点由系动词代替，并且有一个带"2"的枝，其枝头是概括性工具名词。原来的第一句法题元变成了新生的概括性工具名称节点的从属成分。

补充说明：在规则 45、46 的左部结构中 Loc_{in} 和 Instr 后有一个表示行为发生的具体地点和表示具体工具的名词，而不是地点状态元称名词和工具状态元称名词。即不能出现这样的情况：我们用打仗的工具打仗 ⇔ 我们打仗的工具是我们打仗的工具。

（二）蕴含规则

蕴含规则的特点是规则的左部分都包含"完成"的义素，也常包含"允许""使"的义素。右边包含"开始""发生""存在"等义素，前六个基本是这样的逻辑关系：主体对客体完成某种动作，客体开始或者进行另一种动作。后两个表示：由某事物已经开始或继续某个动作可以推导出这个动作正在发生。

形式上：X 是 C_0 或针对 C_0 的某种词汇函数

47. PerfCaus（x）⇒ PerfIncep（x）   ＜ 19 ＞

概括性语义：使某事完成 ⇒ 某事已经开始

深层句法结构的变化：从左到右，第二句法题元变成了第一句法题元

例如，Пётр поджёг бензин. ⇒ Бензин загорелся.

48. PerfCaus（x）⇒ X   ＜ 19 ＞

概括性语义：使某事完成 ⇒ 某事发生

深层句法结构的变化：从左到右，第二句法题元变成了第一句法题元

例如，Его ввели. ⇒ Он вошёл.

49. PerfPerm ⇒ PerfIncep（x）　　＜20＞

概括性语义：完成允许某事发生的行为 ⇒ 某事已经开始

深层句法结构的变化：从左到右，第三句法题元变成了第一句法题元

例如，Ему позволили войти. ⇒ Он начал входить.

50. PerfPerm（x）⇒ X　＜20＞

概括性语义：完成允许某事发生的行为 ⇒ 某事发生

深层句法结构的变化：从左到右，第三句法题元变成了第一句法题元

例如，Ему позволили войти. ⇒ Он вошёл.

51. PerfLiqu（x）⇒ PerfFin（x）　　＜19＞

概括性语义：完成消除某事的行为 ⇒ 某事已经停止

深层句法结构的变化：从左到右，第二句法题元变成了第一句法题元

例如，Пётр затормозил грузовик. ⇒ Грузовик остановился.

52. Perf（x）⇒ Reslt（x）　　＜19＞

概括性语义：完成某事 ⇒ 结果状态出现

深层句法结构的变化：从左到右，第二句法题元变成了第一句法题元

例如，Пётр положил книги на полку. ⇒ Книги стоят на полке.

53. PerfIncep（x）⇒ X

概括性语义：某事已经开始 ⇒ 某事存在或发生

深层句法结构的变化：深层句法结构中第一句法题元不改变，谓词改变了

例如，Магазин открылся. ⇒ Магазин работает.

54. Cont（x）⇒ X

概括性语义：继续某事⇒ 某事存在或发生

深层句法结构的变化：第一句法题元不变，谓词改变了

例如，Там продолжается собрание. ⇒ Там проводит собрание.

三、词汇规则小结

在新的分类视角下，笔者从使用条件、结构成分、概括性语义和深层句法结构的变化等方面分析了每个词汇规则的具体所指。

1. 根据词汇规则左右两边深层句法结构的变化将词汇规则分类，这六类

规则的深层句法结构的变化是逐渐复杂的。这些变化能够反映出结构的语用意义的变化，变化越少的，语用性变化越小。具体而言，前三类主要反映的是修辞和语体意义的差别；第四类反映出对同一情景表述的不同角度；第五类述谓中心的改变反映出强调中心的转移；第六类有很多因素掺杂在一起。

2. 某些规则在使用上有某种联系。例如，$C_0 \Leftrightarrow \mathrm{Pred}\,(C_0)$ 和 $\mathrm{Pred}\,(C_0) \Leftrightarrow$
$\mathrm{Copul}\,(C_0) \overset{2}{\rightarrow} C_0$ 在关键词的词类上互补。$C_0 \Leftrightarrow \mathrm{Adv_A}\,(C_0)$ 和 $C_0 \Leftrightarrow \mathrm{Pred}\,(C_0)$
处理的都是副词和动词之间的转换，但是角度不同。

3. 从词汇规则与句法规则的匹配来看，有些词汇规则并不是与所标示的句法规则完全匹配，如词汇规则7、8与句法规则5。

4. 词汇规则所使用的词汇函数主要集中在第一、第二、第三类词汇函数上。这三类词汇函数都表示某种关系。大体可以说明，代表某种关系的词汇函数的关键词和词汇相关词更容易建立转换结构。

第三节　迁喻法转换的句法规则

一、句法规则概述

1. 句法规则的定义

"句法规则给出同一个意义的不同表达方式的等值性，精确到词汇。也就是确定：借助某个深层结构表达的意义可以通过另一个深层结构表达，当然，这需要词汇的替换"（Мельчук，1999：161）。

2. 句法规则表达式中的形式化符号

在句法规则中，X、Y、Z表示变体，对应词汇规则的左右部分的词汇单位符号，是规则中变化的主要部分。A、B、C、D在句法规则中表示任意的词，表示配合变体的相关成分。虽然左右两边的A、B、C、D在词法形式甚至词类上都有差别（即左右的成分可能是异词类同义派生关系），但是意义是一致的。不指出左右意义相同成分词类的变化，不仅是为了简化，也为了体现他们意义的一致性。

句法规则和词汇规则都是双向的，句法规则的左、右两边对应相应的词汇规则的左右两边，如果词汇规则的左边对应句法规则的右边，那么，在词汇规则后边尖括号中的数字上方附上符号"←"，或写明"倒几"。

3. 现行句法规则的特点及分类

最基本的句法转换只有三种类型，即拆分节点、改挂节点、合并节点。

Гладкий 和 Мельчук（Гладкий，Мельчук，1971）曾建立了 12 个拆分规则、62 个转挂规则、6 个合并规则，"这 80 个专门的规则形成某种普通句法。任何语言的所有有意义的深层句法转换都可以通过这 80 个转换体现"（Мельчук，1999：165）。但是要服务一个具体的词汇规则，在实践中，需要太长的连续的基本转换，很不方便。另外，为每个词汇规则配上一个句法规则，显示不出句法规则的共性和差异，也会使对句法规则描写的任务加重。

因此，《"意义⇔文本"语言学模式理论经验》中采用过渡性的句法规则，这种句法规则不是最基本的句法转换形式，也不是完全符合某个词汇规则的转换形式。这套句法规则分四类：①限定关系操作——将顶点转换为限定词（及相反）；②合成/分解操作——将一个节点变换为两个节点；③变换句法结构层次操作——将一个节点从一个从属层次转换到另一个从属层次（从一个从属层次转换到下一个从属层次及相反）；④句法题元转换操作——相互置换从属词。

4. 句法规则中需要明确的问题

在《"意义⇔文本"语言学模式理论经验》中，Мельчук 对句法规则描写得很概括，笔者在原理论提供的句法规则形式化表达式及例证的基础上，对句法规则进行详细的解读，进一步明确了以下几方面内容：

①每类规则的总体特点；②某些句法规则与词汇规则的匹配性以及句法规则之间的配合性；③某些规则的形式化表达的正确性。

二、句法规则清单

根据句法规则中需要明确的问题，本书逐一分析每个句法规则，在每个句法规则转换箭头上附上所服务的词汇规则的序号。

第一类：限定关系操作

限定关系操作主要处理的是限定性副词和动词之间的句法转换。与相应的词汇规则几乎是一一对应的。形式上，左边结构的谓词顶点，到右边都转换为限定性副词节点，同时，左边谓词的第一句法题元（规则1）、第二句法题元（规则2）、第三句法题元（规则3）节点到右边相应地转换为谓词顶点。形式上，从左到右，"1""2""3"枝分别转换为反向箭头的"5"枝。

1. A = 述谓词，例如，Усиление репрессий сопровождало активизацию. ⇔ Репрессии усиливались вместе с активизацией.

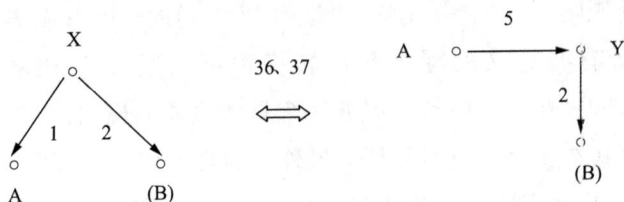

$$36、37$$

2. B = 述谓词，例如，Он упорствовал в своём нежелании согласиться. ⇔ Он упорно не желал согласиться.

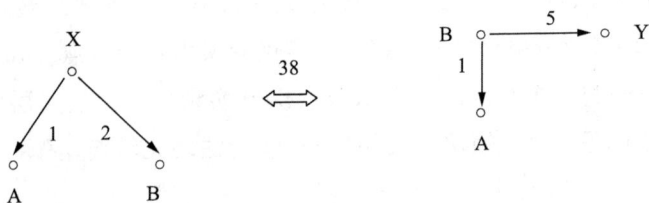

$$38$$

3. C = 述谓词，例如，Он закончили поход посещением Самарканда. ⇔ В конце похода они посетили Самарканд; Он начал свою речь с приветствия космонавтам ⇔ В начале своей речи он приветствовал космонавтов.

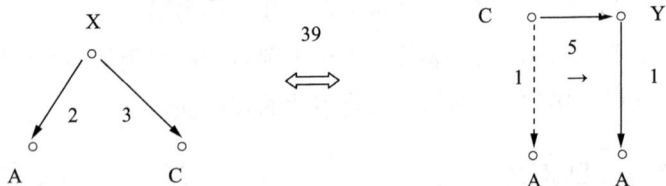

$$39$$

这个规则有个修补的地方：右边结构中向下的"1"枝应该从节点"Y"发出。因为，同一个小句中，副词和动词表示的行为的主体是一致的，也就是说，转换为动词的 C 和 X 具有同一主体，即第一句法题元。而左边的第一句法题元没出现。但是左边的结构的第二句法题元却变成了右边的第一句法题元，显然是不正确的。分析例证也可以看出，把"1"枝移到节点"Y"节点是完全正确的。

第二类：合成/分解操作

4. 从左到右，谓词顶点拆分成顶点和一个节点，新生节点成为第一句法题元，原来的第一句法题元转换为第二句法题元。

例如，Он тоскует. ⇔ Его одолевает тоска.

X
│1
↓
A

42
⇦⇨

Z
╱1　2╲
Y　　A

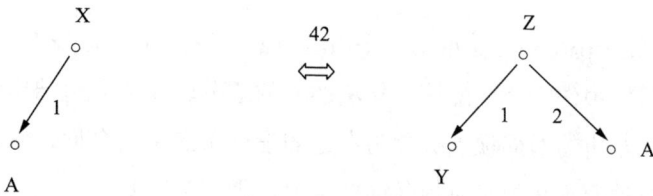

5. 从左到右，谓词顶点拆分成顶点和一个节点，拆分前的第二句法题元转挂到新生节点上。第一句法题元保持不变。第一句法题元不改变与词汇函数 Pred 和 $Oper_1$（7、8、13、14、15、16、17、18、19）本身对句法的要求有关。

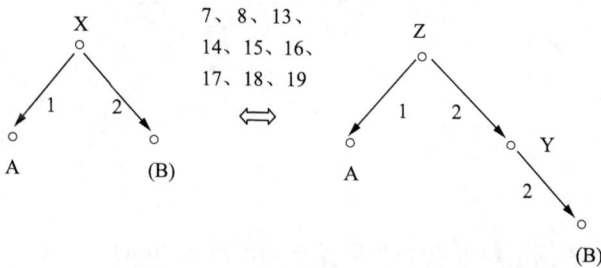

X
╱1　2╲
A　　(B)

7、8、13、
14、15、16、
17、18、19
⇦⇨

Z
╱1　2╲
A　　Y
　　　│2
　　　↓
　　　(B)

例如，Он предложил поехать в Хибины. ⇔ Он выдвинул предложение поехать в Хибины.

严格地讲，词汇规则 7、8 所用的句法规则不属于这个类别，因为这两个规则处理的名词节点的拆分。这里主要是指谓词节点的拆分，如果上面的深层句法关系树中"A""B"节点都不存在，同时 X 代替未拆分名词的话，也可以用这个规则，即由节点"X"与"Z"和"Y"组成的枝之间的转换。如果，$Z \xrightarrow{2} Y$ 在表层词汇中是黏合在一起，即由一个词表示，那么就变成节点"X"与另一个节点之间的转换了。

6. $E = Loc_{in}$，Instr，这个句法规则用来转换显现时间、地点、工具等语义状态元名称的小句中，语义状态元名称由句子次要成分变成句子的主要成分——主语（第一句法题元）。

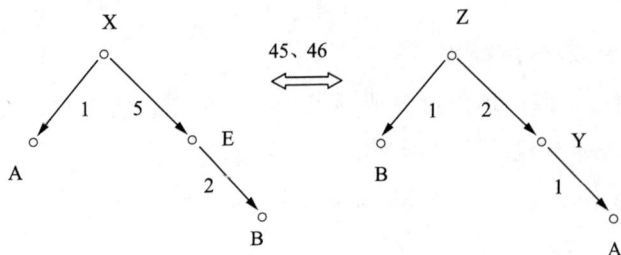

例如，Иван работает в школе. ⇔ Школа — место работы Ивана.

即左边结构中作为介词的第二句法题元的成分转换为右边结构的第一句法题元。同时，左边的谓词顶点拆分为右边的谓词顶点＋新名词，原来的第一句法题元挂在与动词语义相对应的名词节点上，即"Y"上。

7. 这个句法规则最主要的特点是，第一句法题元不变，谓词顶点由新谓词占据。

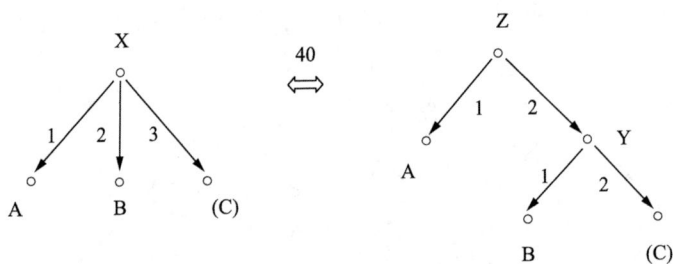

它可以服务于词汇规则 40，当服务于词汇规则 40 时，主要是不带第三句法题元（C）的转换，X、Y、Z 之间的关系是：X 与 Y 在语义上对应，Z 是半虚义谓词。而且要实现词汇规则 40 的转换，还需要进一步转换。详见词汇规则 40。

这个规则也可以不配合词汇规则而单独使用。单独使用时，这个规则适用于第二句法题元是第三句法题元的语义主体的动词，动词是表示某种判定意义的推定动词。单独使用时，这个规则展现的是同一个动词不同的支配模式之间的转换。X、Y、Z 之间的关系是：X、Z 是同一个词，而 Y 是表示判断意义的系动词。例如：Мы считаем ［X］, что она（быть ［Y］）больной ⇔ Мы считаем ［Z］ её больной.

8. 这个句法规则最主要的转换就是 X 拆分成 Z 和 Y，Y 承载 X 的主要词汇意义。

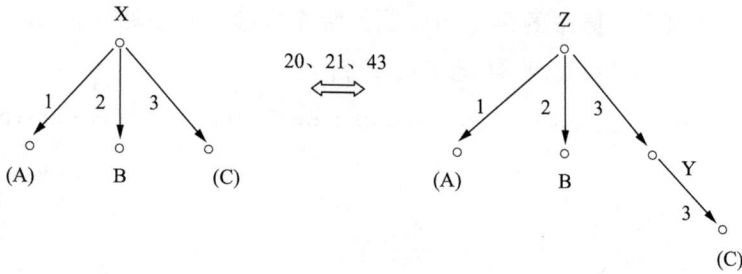

例如：Он тщательно анализирует текст. ⇔ Он тщательно подвергает текст анализу.

如果原谓词有第三句法题元，第三句法题元直接转接到 Y 节点上，不带第三句法题元的转换主要涉及利用词汇函数 Labor 进行的转换。

第三类：转换层级操作

转换层级操作，指的是原来谓词的一个句法题元（"1""2""3""4"）或限定性成分（"5"）成为另一个句法题元的句法题元。转换层级操作内部分为三小类。规则 9～12 属于第一小类，规则 13～15 属于第二小类，规则 16～18 属于第三小类。

第三类转换规则中的转换基本上都是谓词的附属成分之间的转换。其中，第一小类处理的是句法题元之间的转换；第二小类处理的是谓词的限定性成分转换时转挂到相应的句法题元上，成为相应句法题元的限定性成分；第三小类处理的是动词的支配模式之间的变形。

前两个小类可以用在一个谓词的附属成分之间的直接转换，即可以不与词汇规则配套而单独使用。也可以作为其他某些句法规则的修正性步骤，即某些句法规则的第二、第三步。前两类的句法规则基本不是词汇规则的第一步。

9. 从左到右，原来的第二句法题元成为第一句法题元的第一句法题元。该句法规则是词汇规则 42 的修补性步骤。

如，К нам поступило от него заявление. ⇔ К нам поступило его заявление.

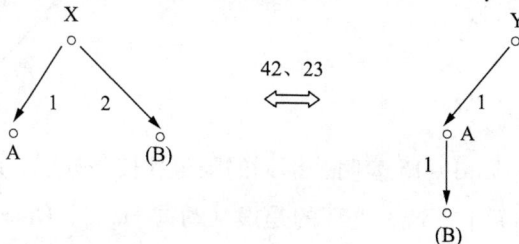

10. 从左到右，原来的第三句法题元转换为第二句法题元的第一句法题元。该规则还作为词汇规则 41 的第二步骤。

例如，……пользуется у него доверием. ⇔……пользуется его доверием.

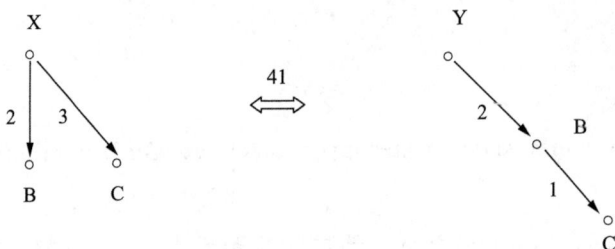

11. 从左到右，原来的第三句法题元转换为第二句法题元的第二句法题元。

例如，……посвятил роман физикам. ⇔... написал роман о физиках.

这一规则在前面的词汇规则中都是反向使用的。处理的都是由名词 C_0 转换为 $Oper_1$（C_0）后对句法题元关系的调整。

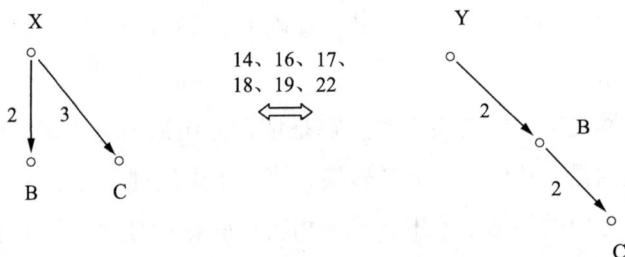

12. 从左到右，原来的第四句法题元变成了新谓词的第三句法题元，原来的第三句法题元变成了新的第三句法题元的第三句法题元。

例如，……берёт землю у Петра в аренду. ⇔……берёт землю в аренду у Петра.

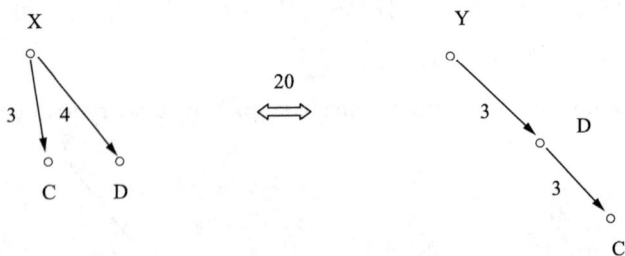

下面的句法规则 13～15 表明，谓词的限定性枝条分别可以转挂到其第一、第二、第三句法题元上。这里处理的是虚义动词 $Func_1$、$Oper_1$、$Labor_{12}$ + 情景

名词结构的转换，限定性成分都是由动词转换到情景名词上。因为词汇函数 $Func_1$、$Oper_1$、$Labor_{12}$ 本身要求情景名词分别是虚义动词的第一、第二、第三句法题元，因此利用 $Func_1$、$Oper_1$、$Labor_{12}$ 与情景全义动词进行转换的词汇规则 14、42、20 分别运用句法规则 ＜13＞、＜14＞、＜15＞。

13. 例如，…… своевременно оказал помощь. ⇔…… оказал своевременную помощь.

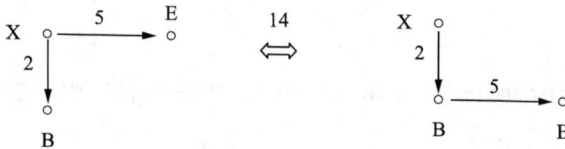

14. 例如，…… сильно бьёт дрожь ⇔…… бьёт сильная дрожь.

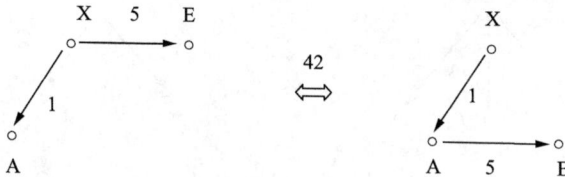

15. 例如，… тщательно подвергает текст анализу. ⇔… подвергает текст тщательному анализу.

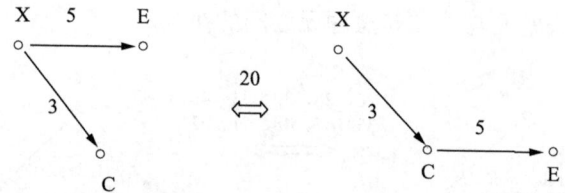

第三小类 16～18 的转换都是一个动词的不同支配模式的转换。这样的动词都有依照某个标准进行"比较""测试"的意义。

16. 例如，Он превосходит её по силе. ⇔ Его сила превосходит её силу.

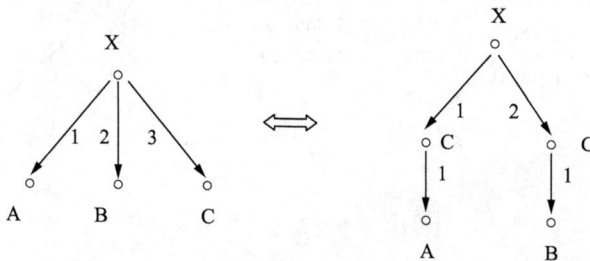

17. 例如，Он сравнил мясо с рыбой по цене. ⇔ Он сравнил цену мяса с ценой рыбы.

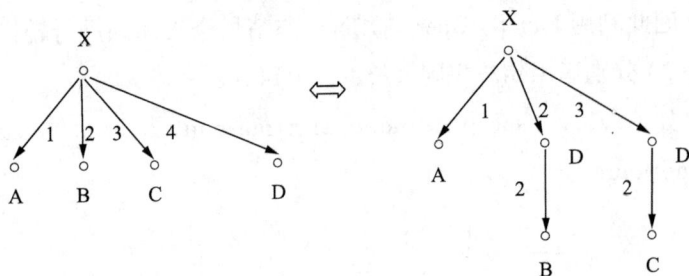

18. 例如，Мы проверяем мотор на прочность. ⇔ Мы проверяем прочность мотора.

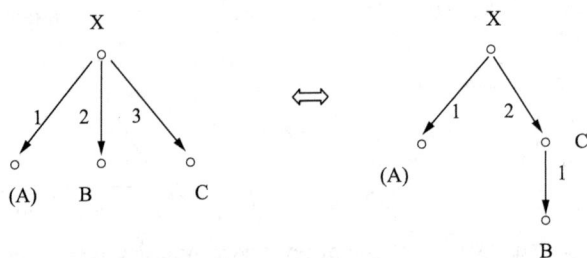

第四类：句法题元转换规则

19. 第一句法题元与第二句法题元之间的换位。

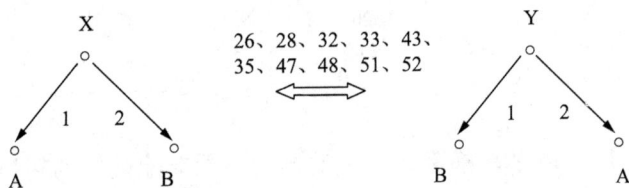

26、28、32、33、43、35、47、48、51、52

20. 第一句法题元与第三句法题元之间的换位。

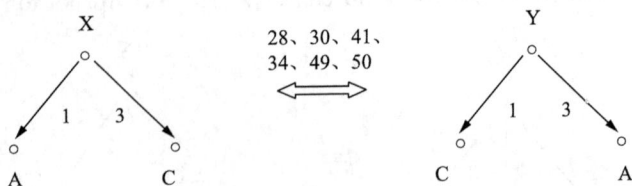

28、30、41、34、49、50

21. 第二、三个句法题元之间的换位。

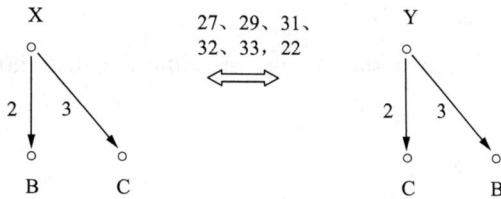

22. 第三、四个句法题元之间的换位。

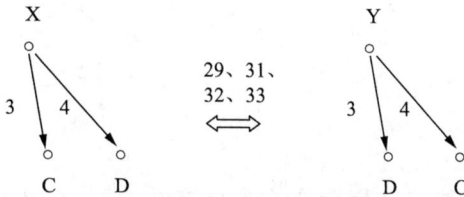

句法规则 19～22 可以单独用于两个谓词的转换，也可以作为某些词汇规则句法转换的第一步使用。有时候两个题元转换词之间的转换要连续用到其中几个转换规则。

句法规则 23～26 是两个层次句法题元之间的换位。

23. Z = Instr，例如，Снаряд оторвал ему ухо. ⇔ Снарядом ему оторвал ухо.

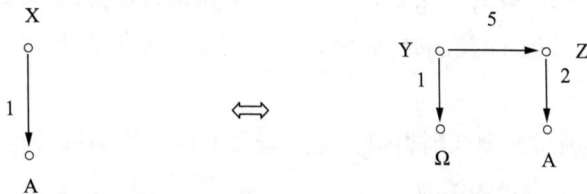

"第一题元变成广义限定语（工具），相应的谓词变为无人称形式"（薛恩奎，2006c：210），这是一个独立的句法规则，Ω 代表无人称句法题元。

24. Z = Loc$_{in}$，"第一题元变为广义限定语（地点），相应的谓词变成不定人称形式"（薛恩奎，2006c：210），该句法规则专门服务于词汇规则44。Q 代表不定人称句法题元，例证见词汇规则。例如，Бельгия тревожится. ⇔ В Бельгии тревожатся.

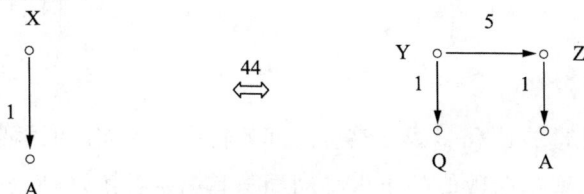

25. 该句法规则专门服务于词汇规则 24。在这个规则中不变的是第一句法题元和谓词之间的关系。

例如，Его роман описывает жизнь индейцев. ⇔ Ему принадлежит роман о жизни цндейцев.

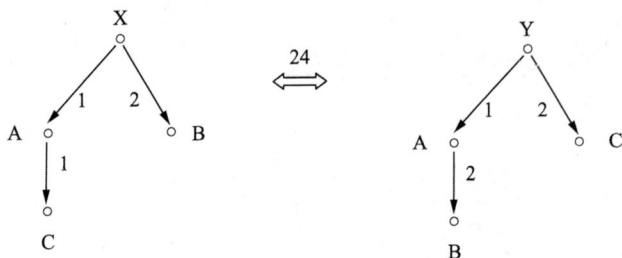

这个句法规则处理的是 Func 两个变体之间的转换，Func 的词汇函数值是以情景名词为主语（第一句法题元）的半虚义动词，且半虚义动词＋情景名词＝全义动词，如果把表示情景的拆分形式换成全义动词，被换位的句法题元就是同层次的了。被换位的两个成分在情景中对应的语义题元（主体、客体）是平等的，这一点说明它们在句法上的潜在平等性是有语义基础的。被转换的句法题元就变成不同级的句法题元主要是因为谓词以拆分的形式出现。在中性语境中，哪个语义题元对应的句法题元上升到第一级句法题元，其重要性就提高了。

26. 这个规则与上个规则类似，也是全义谓词转换为拆分形式后，原来的句法题元之间句法位置的转换。

例如，В поддержку закона выступают центристы. ⇔ Закон пользуется поддержкой центристов.

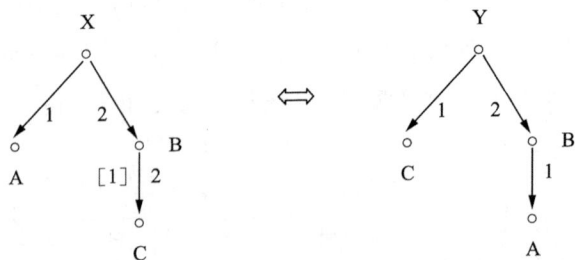

这个规则处理的是 Oper 两个变体之间的转换。正如词汇函数 Oper 的句法要求一样，作为词汇函数值的半虚义动词与其第一补语（情景名词）的关系

保持不变，即谓词与第二句法题元的关系保持不变，如果把这个拆分形式换成全义动词，被换位的句法题元就是同层次的，而且，这两个句法题元对应的情景语义题元是平等的，这一点说明，这两个成分具有句法平等的语义基础。可以说，受拆分形式的影响，被换位的两个成分在句法上才变得不平等的。

这里，左边结构中节点 B 与 C 之间的数字应该改成"2"。首先，左右结构中从节点 B 分别指向节点 A、C 的都是箭头"1"，这是矛盾的，形式上也是不允许的。其次，我们多次分析过左边结构中词汇函数 $Oper_1$（C_0）所形成的句法结构，即 X 是 $Oper_1$（C_0）的词汇函数值，B 是情景动名词，X + B 的意义相当于情景的全义动词 C_0 的意义，B 承载了 C_0 的词汇意义，是 C_0 的异词类同义派生词。因此，C 是情景的全义动词的第二个句法题元，也是其动名词 B 的第二句法题元。从以上两点看，左边结构中原来的节点 A 与 C 之间的关系符号"1"应该改成"2"。

三、句法规则小结

至此，笔者分析了每个句法规则，下面进行总结。

（1）涉及述谓中心转换的规则是限定关系操作、合成/分解操作、句法题元转换操作。一般都是句子结构变化的中心部分，基本都是相关词汇规则使用的主要句法规则。变换句法结构层次操作 9 ~ 15，本身不描述述谓中心的变化，所以它们或者作为其他句法规则的修改步骤，而与某个词汇规则对应；或者不对应词汇规则而单独使用，这时候，该词汇规则描写的是同一谓词的不同支配模式。

（2）经过研究发现，句法规则 5 与词汇规则 7、8 并不完全匹配。

（3）经过研究发现，句法规则 3、26 有某些地方不符合逻辑，应进行相应的修改，笔者提出了修改方案。

第四节 小 结

从语义到深层句法的转换过程大体经过三步：①分解语义图示；②确定深层句法基础结构；③同义的深层句法结构转换（迁喻法转换）。迁喻法转换是由深层句法基础结构获得多个同义的深层句法结构的过程。要实现这个过程，深层句法结构的词汇和句法都需要转换，这样形成了两套相辅相成的规则——词汇规则和句法规则。

通过对每个词汇规则的使用条件、结构成分、概括性语义和深层句法关系树的分析和呈现，明确了每个词汇规则的具体所指，经过研究得出以下结论：根据词汇规则左右两边深层句法结构的变化可以将现行词汇规则分为六类，每类词汇规则的深层句法结构的变化幅度可以大体反映出使用这种结构的语用意图；常用于词汇规则的词汇函数基本是表示某种关系的词汇函数；某些词汇规则在使用上有些互补的关系；某些词汇规则与句法规则不匹配。

通过分析每个句法规则得出以下结论：涉及述谓中心转换的规则是限定关系操作、合成/分解操作、句法题元转换操作，一般描述结构变化的中心部分，基本都和相关词汇规则搭配使用，而且是配合相关词汇规则的主要句法规则；变换句法结构层次操作 9～15，因为本身不描述述谓中心的变化，所以基本上或者作为其他句法规则的修改步骤为某个词汇规则服务，或者不对应词汇规则而单独使用，这时候，该句法规则描写的是同一谓词的不同的支配模式。同时，经过研究发现，词汇规则 7、8 与句法规则 5 并不完全匹配；句法规则 3、26 有某些地方不符合逻辑，笔者提出了修改方案并进行了相应修改。

第五章 结 论

《意义⇔文本》模式理论是以 Мельчук 为代表的莫斯科语义学派的一批语言学家在 20 世纪 60 年代创建的为自动化翻译服务的极有应用性成效和理论价值的研究成果。它在实践中已经为一些自动化翻译模型提供了理论支持，显然，这套理论必将对汉－俄自动化翻译的发展提供极大的帮助。对《意义⇔文本》模式理论的研究具有重要的理论和实践意义。笔者对《意义⇔文本》模式进行了以下方面的尝试性研究。

首先，全面地呈现了《意义⇔文本》模式整体构建的具体内容和具体转换机制、详细地描述了语义部件层级构建的具体内容和层级转换过程；并在此基础上，通过与后续相关理论的比较研究得出一些新的认识和结论，包括以下几点：在层级构建中基本成分体现层级的特点，承担层级构建的主要任务，非基本成分补充主要成分对语句描写的缺失信息，它不体现层级的主要特点；按照 Апресян 对语义层分层的理论，将分层后的深层语义层和表层语义层与 Мельчук 的语义层进行词汇和句法的具体对比，可以证明 Апресян 的判断：Мельчук 划分的语义层具有表层语义性质；根据现代语言学对语句意义模块的分析可以得出，语义层主要描写语句的命题内容，还有情态意义、指称意义和实义切分产生的意义；与义素分析法中的义素相比，义子既可以描写词义和句义，又可以比较词义和句义，是更连贯和有效的语义描写手段。

其次，笔者全面、详细地注解了作为深层句法结构的构建和从语义层到深层句法层转换的主要理论手段——词汇函数。在原理论对词汇函数的概括性阐述的基础上进行了以下尝试性研究。

1）在对每个简单词汇函数具体详细分析的基础上，根据词汇函数符号代表的内容对简单标准词汇函数进行了重新分类：第一类，词汇函数代表与关键词意义整体有关的某种意义关系，如 Syn 等；第二类，词汇函数代表关键词与词汇相关词利用情景语义题元在某个情景内部的语义联系，有 S_i、S_c 等；第三类，词汇函数代表词汇相关词与关键词利用情景语义题元名称构成的某种句法关系，有 $Oper_i$ 等；第四类，词汇函数代表与关键词的意义整体有关的某种意义增量，有 Incep、Cont 等；第五类，词汇函数代表某种与关键词所指事物的属性、特征、功能等有关的概括性意义，有 Ver、Bon 等。从相关词和关键词在意义上的黏合性、各自的词类特点和对比关系、在句法上的替代性等方面分析了每类词汇函数的类别特点。

2）在关于《意义⇔文本》模式理论的论著中，对词汇函数符号的内容的叙述很概括。经过研究，笔者从以下几个方面进一步明确了其代表的意义及取值范围：①通过不同词类关键词的选择，明确词汇函数具体的内容及相关词词类，如 Center、Sing 等；②通过词汇函数值与关键词构成的句法结构确定词汇函数值的概括性意义，如 Oper 等；③通过自然语言的民族性和约定性说明词汇函数代表的内容及词汇函数值，如 Figur、$Prepar^j$ 等；④通过对下标代表意义的解释明确词汇函数的内容，如 S_i、Func、$Real^j_{12}$、Adv_x 等。

3）尝试对复合词汇函数进行集中和详细的分析和解读。如 $ContFunc_i$、$FinFunc_i$、$LiquOper_2$ 等。

最后，重点分析和解读了构成迂喻法转换（从语义层到深层句法层转换的第三步）的词汇规则体系和句法规则体系。本书从新的角度对词汇规则进行分类并对每类的特点进行综合性解读。通过新的模式和方法深入分析每个词汇规则、句法规则；通过树形图具体呈现词汇规则与句法规则的配合性，展示规则之间的关联性。上述尝试性创新研究具体体现在以下几个方面。

（1）根据深层句法结构的变化将词汇规则分为以下六类：第一类：谓词不变，某个节点改变；第二类：述谓中心利用否定词发生微变，其他深层句法题元不变；第三类：第一句法题元不变，谓词被新谓词替换；第四类：谓词被新谓词替换，原来的句法题元互相换位；第五类：述谓中心由原来的谓词转移到其限定成分上；第六类：谓词与句法题元关系的变化比较复杂。通过这样的分类研究发现，这六类规则的深层句法结构的变化是逐渐复杂的，这些变化能够反映出结构的语用意义的变化，变化越少的，语用性变化也越小。具体而言，前三类主要反映的是修辞和语体上的意义和结构差别；第四类反映出对同一情景表述的不同角度；第五类述谓中心的改变反映出强调中心的转移；第六类有很多因素掺杂在一起。

（2）通过新模式、新方法详细地、逐层地解析每个词汇规则，具体而言，对词汇规则的适用条件、结构组成、概括性语义、深层句法结构树形图分析、语义题元与句法题元的对应关系等逐一进行分析。

（3）通过对每个词汇规则的具体解读和分析，发现了某些规则在上述类别以外的联系，如 $C_0 \Leftrightarrow Adv_A$（$C_0$）和 $C_0 \Leftrightarrow Pred$（C_0）处理的都是副词和动词之间的转换，但是角度不同；还发现了原有理论中某些词汇规则和句法规则不完全匹配的关系，如词汇规则7、8与句法规则5是不完全匹配的。

（4）从对词汇规则的具体分析和分类总结中还得出：词汇规则所使用的词汇函数主要集中在第一、第二、第三类表示某种关系的词汇函数上。

（5）通过具体解释深层句法规则的具体变化和特点并分析、总结每个句法规则与相关词汇规则的配合性，得出以下结论：涉及述谓中心转换的规则描述的一般都是结构变化的中心部分，基本都和相关词汇规则搭配；变换句法结构层次操作的词汇规则，本身基本不描述述谓中心的变化，它们或者作为其他句法规则的修改步骤而与某个词汇规则对应；或者不对应词汇规则而被单独使用。经过研究发现，词汇规则7、8与句法规则5并不完全匹配；句法规则3、26不符合理论本身的逻辑，应进行相应的修改。

总结上述内容，本书的研究体现了以下层次价值：①通过对《意义⇔文本》模式构建内容的直接呈现和详细描述，对《意义⇔文本》模式的结构分析和某些内容与现代语言学理论对比研究，能够使研究者对《意义⇔文本》模式的层级构建和转换机制有非常清晰和直观的认识，在此基础上，更加明确《意义⇔文本》模式的构建特点、各部分内容的区别和联系、与现代相关语言学理论的联系和优势。②更重要的是，通过对词汇函数、迁喻法转换规则进行更加符合其本身实质的重新分类研究，并在新的分类框架下利用新模式和新方法对词汇函数、迁喻法转换词汇规则、句法规则进行非常透彻的分析，能够使研究者深入理解这些理论手段和规则的内容实质、明确其作用和使用范围，并厘清理论手段和规则、规则和规则之间的联系。而且，通过这样的解读和分析，笔者发现了模式理论叙述中的优点和缺憾，并提出了自己的见解和意见。

总而言之，本书的新意在于不仅对《意义⇔文本》模式理论进行全面而详细的梳理和解读，而且尝试从新的角度对理论本身进行重新思考和阐释，并提出自己的见解和观点。希望通过本书的研究能使更多的人开始或更加深入地理解和认同这个理论，为继续深入或扩展性的研究提供新思路和新方法，为我国的汉－俄自动化翻译提供理论上的支持。

参考文献

［1］ Алпатов В. М. История лингвистических учений ［М］. М. : Языки русской культуры, 1998.

［2］ АН СССР, Русская грамматика ［М］. М. : АН СССР, 1980.

［3］ Апресян Ю. Д. Интегральное описание языка и системная лексикография ［М］. М. : Школа《Языки русской культуры》, 1995a.

［4］ Апресян Ю. Д. К теории равнозначных преоброзований ［А］. // Информационные вопросы семиотики, лингвистики и автоматического перевода ［С］, вып. 1, М. , 1971, с. 3 – 15.

［5］ Апресян Ю. Д. Лексическая семантика (синонимические средства языка) ［М］. М. : Школа《Языки русской культуры》, 1995b.

［6］ Апресян Ю. Д. Новый объяснительный словарь синонимов русского языка ［М］. М. : Вена, 2004.

［7］ Апресян Ю. Д. Об экспериментальном толковом словаре русского языка ［J］. // ВЯ, 1968, № 5, с. 34 – 49.

［8］ Апресян Ю. Д. Проблемы синонима ［J］. // ВЯ, 1957, № 6, с. 84 – 88.

［9］ Апресян Ю. Д. , Синонимия и синонимы ［J］. // ВЯ, 1969, № 4, с. 75 – 91.

［10］ Апресян Ю. Д. Современные методы изучения значений и некоторые проблемы структурной лингвистики ［J］. // Проблемы структурной лингвистики, 1963, с. 102 – 150.

［11］ Апресян Ю. Д. Типы соответствия семантических и синтаксических актантов ［1］ ［J］. // Проблемы типологии и общей лингвистики, М. , 2006, с. 15 – 27.

［12］ Апресян Ю. Д. Богуславский И. М. Иомдин Л. Л. и др. Лингвистическое обеспечение системы ЭТАП – 2 ［М］. М. : Наука, 1989.

［13］ Апресян Ю. Д. Богуславский И. М. Иомдин Л. Л. и др. Лингвистический процессор для сложных информационных систем ［М］. М. : Наука, 1992.

［14］ Апресян Ю. Д. Богуславский И. М. Иомдин Л. Л. Санников В. З. Теоретические проблемы русского синтаксиса: взаимодействие грамматики и словаря ［М］. М. : Яз. Славянских культур, 2010.

［15］ Апресян Ю. Д. Жолковский А. К. Мельчук И. А. О системе семантического анализа. Ⅲ. Образцы словарных статей ［J］. // НТИ (2), 1968, № 11, с. 8 – 12.

［16］ Арутюнова Н. Д. Предложение и его смысл: Логико-семантические проблемы ［М］. М. : Едиториал УРСС, 2002.

［17］ Арутюнова Н. Д. Сокровенная связка (К проблеме предикатного отношения) ［J］. // Серия литератры и языка, 1980, т. 39, № 4, с. 347 – 358.

［18］ Арутюнова Н. Д. Язык и мир человека ［М］. М. : Язык русского культуры, 1999.

［19］ Белошапкова В. А. Современный русский язык: Учеб. для филол. спец. Вузов ［М］. М. : Азбуковник, 1999.

［20］ Березин Ф. М. История лингвистических учений ［М］. М. : Высшая школа, 1984.

［21］ Богуславский И. М. Исследования по синтаксической семантике: сферы действия логических слов ［М］. М. : Наука, 1985.

［22］ Богуславский И. М. О понятии сферы действия предикатных слов ［J］. // Серия литератры и языка, 1980, т. 39, № 4, с. 359 – 368.

［23］ Вежбицка А. Наброски к русско-семантическому словарю ［J］. //НТИ (2), 1968, № 11, с. 23 – 28.

［24］ Вежбицка. А. О смысловых ограничениях для правил множественного синтеза при автоматическом переводе ［к грамматике элементарных смыслов］ ［J］. // НТИ. 1966, № 5, с. 27 – 29.

［25］ Вежбицкая А. Семантические универсалии и описание языков ［М］. М. : Яз. Рус. Культуры, 1999.

［26］ Вежбицкая А. Язык. Культура. Познание ［М］. М. : Р. словари, 1996.

［27］ Гладкий А. В. Мельчук И. А. Грамматики деревьев Ⅰ. Опыт формализации преобразований синтаксических структур естественного языка ［А］. // Информационные вопросы семиотики, лингвистики и автоматического перевода ［С］, вып. 1, М. , 1971, с. 16 – 41.

［28］ Евгеньева А. П. Очерки по синонимике современного русского литературного языка

［M］. М. : Л. : ［б. и. ］, 1966.

［29］ Жолковский А. К. Мельчук И. А. О возможном методе и инструментах семантического синтеза ［J］. // НТИ, 1965, № 6, с. 23 – 28.

［30］ Жолковский А. К. Мельчук И. А. О семантическом синтезе ［J］. // ПК, 1967, вып. 19, с. 177 – 238.

［31］ Жолковский А. К. Мельчук И. А. О системе семантического синтеза. I. Строение словаря ［J］. // НТИ, 1966, № 11, с. 48 – 55.

［32］ Жолковский А. К. Мельчук И. А. О системе семантического синтеза. II. Правила преобразования ［J］. // НТИ, 1967, № 2, с. 17 – 27.

［33］ Иомдин Л. Л. Автоматическая обработка текста на естественном языке: модель согласования ［M］. М. : Наука, 1990.

［34］ Иомдин Л. Л. Мельчук И. А. Перцов Н. В. Фрагмент модели русского поверхностного синтаксиса. I. Предикативные синтагмы ［J］. // НТИ (2), 1975, № 7, с. 31 – 43.

［35］ Иомдин Л. Л. Перцов Н. В. Фрагмент модели русского поверхностного синтаксиса. II. Комплетивные присвязочные конструкции ［J］. // НТИ (2), 1975, № 11, 22 – 32.

［36］ Иорданская Л. Н. Синтаксическая омонимия в русском языке ［с точки зрения автоматического анализа и синтеза］ ［J］. // НТИ, 1967, № 11, с. 3 – 17.

［37］ Иорданская Л. Н. Смысл и сочетаемость в словаре ［M］. М. : Языки славянских культур, 2007.

［38］ Кибрик А. Е. Предикатно-аргументные отношения в семантически эргативных языках ［J］. // Серия литературы и языка, 1980, т. 39, № 4, с. 324 – 335.

［39］ Кобозева И. М. Лингвистическая семантика ［M］. М. : Эдиториал УРСС, 2000.

［40］ Королев Э. И. Эрастов К. О. О некоторых новых семантических параметрах и правилах преобразования в системе семантического синтеза ［J］. // НТИ (2), 1968, № 1, с. 28 – 33.

［41］ Леонтьева Н. Н. Русский общесемантический словарь (РОСС): структура, наполнение ［J］. // НТИ (2), 1992, № 12, с. 5 – 20.

［42］ Мастерман М. Изучение семантической структуры текста для машинного перевода с помощью языка-посредника ［A］. // математическая лингвистика, М. , 1964, с. 177 – 214.

［43］ Мельчук И. А. Автоматический перевод 1949 – 1963: критико-библиографический справочник ［M］. M. : ［б. и. ］, 1967.

［44］Мельчук И. А. Еще раз к вопросу об эргативной конструкции ［J］. // ВЯ, 1991, № 4, с. 46 – 88.

［45］Мельчук И. А. К построению действующей модели языка ［A］. // Проблемы языкознания ［C］. M. , 1967, с. 82 – 89.

［46］Мельчук И. А. Курс общей морфологии т. 2 ［M］. M. : Вена, 1998.

［47］Мельчук И. А. Курс общей морфологии т. 4 ［M］. M. : Вена, 2001.

［48］Мельчук И. А. Курс общей морфологии т. 5 ［M］. M. : Вена, 2006.

［49］Мельчук И. А. Опыт теории лингвистических моделей《Смысл ⇔ Текст》［M］. M. : Школа《Языки русской культуры》, 1999.

［50］Мельчук И. А. Русский язык в модели " Смысл ⇔ Текст" ［M］. M. : Школа 《Языки русской культуры》, 1995.

［51］Мельчук И. А. Согласование, управление, конгруэнтность ［J］. // ВЯ, 1993, № 5, с. 16 – 58.

［52］Мельчук И. А. Холодович А. К Залога (определение, исчисление) ［J］. // Народы Азии и Африки, 1970, № 4, с. 111 – 124.

［53］Новиков Л. А. Семантика русского языка ［M］. M. : Высшая школа, 1982.

［54］Падучева Е. В. Высказывание и его соотнесенность с действительностью ［M］ . M. : Наука, 1985.

［55］Падучева Е. В. Динамические модели в семантике лексики ［M］. M: Языки славянских культур, 2004.

［56］Пендерграфт Ю. Д. Машины для перевода и лингвистика ［J］. // НТИ, 1966, № 5, с. 48 – 51.

［57］Реформатский А. А. Введение в языковедение ［M］. M. : Аспект Пресс, 1996.

［58］Соссюр Ф. де. перевод Сухотин А. M. Курс общей лингвистики ［M］. M. : Книжный дом《Либроком》, 2009.

［59］Степанов Ю. С. К Универсальной классификации предикатов ［J］. // Серия литератры и языка, 1980, т. 39, № 4, с. 311 – 323.

［60］Теньер Л. Основы структурного синтаксиса ［M］. M. : Прогресс, 1988.

［61］Шмелёв Д. Н. Очерки по семасиологии русского языка ［M］. M. : УРСС, 2003.

［62］Шмелёв Д. Н. Проблемы семантического анализа лексики ［M］. M. : КомКнига, 2006.

［63］ Шмелёв Д. Н. Гловинская М. Я. Русский язык в его функционировании： уровни языка ［M］. M. : Наука, 1996.

［64］ Филлмор Ч. Дело о подеже ［A］. // Новое в зарубежной лингвистике. Лингвистическая семантика ［C］, вып. 10, M. , 1981, c. 369 – 495.

［65］ Ярцев В. Н. Лингвистический энциклопедический словарь ［M］. M. : Большая Рос. Энциклопедия, 2002.

［66］ Апресян Ю. Д. 莫斯科语义学派 ［J］. 杜桂枝, 译. 中国俄语教学, 2006a (2)：1 – 6.

［67］ Апресян Ю. Д. 莫斯科语义学派 ［J］. 杜桂枝, 译. 中国俄语教学, 2006b (3)：4 – 10.

［68］ Апресян Ю. Д. 莫斯科语义学派 ［J］. 杜桂枝, 译. 中国俄语教学, 2006c (4)：13 – 18.

［69］ 蔡晖. 试论 диатеза ［J］. 中国俄语教学, 2009 (1)：34 – 39.

［70］ 柴天枢. 命题与模态 ［J］. 俄语语言文学研究, 2002 (1)：88 – 117.

［71］ 陈国亭. 俄汉语组合与构句 ［M］. 北京：商务印书馆, 2004.

［72］ 杜道流. 西方语言学史概要 ［M］. 北京：北京交通大学出版社, 2008.

［73］ 杜桂枝. 20 世纪后期的俄语学研究及其发展趋势 ［M］. 北京：首都师范大学出版社, 2002.

［74］ 费尔迪南·德·索绪尔. 普通语言学教程 ［M］. 高明凯, 译. 北京：商务印书馆, 2009.

［75］ 郝斌. 论 "配价" 和 "题元" ［J］. 中国俄语教学, 2002 (3)：1 – 6.

［76］ 郝斌. 再论 "配价" 和 "题元" ［J］. 中国俄语教学, 2004 (3)：1 – 5.

［77］ 华劭. 华劭集 ［M］. 哈尔滨：黑龙江大学出版社, 2007：134 – 157.

［78］ 华劭. 语言经纬 ［M］. 北京：商务印书馆, 2003.

［79］ 霍花. 俄语题元问题刍议 ［J］. 中国俄语教学, 2008 (3)：23 – 27.

［80］ 蒋本蓉. 莫斯科语义学派的释义元语言 ［J］. 外语研究, 2008 (1)：50 – 53.

［81］ 蒋本蓉. "意义—文本" 模式的词库理论与词库建设 ［D］. 哈尔滨：黑龙江大学, 2008.

［82］ 李琴, 孟庆和. 俄语语法学 ［M］. 上海：上海外语教育出版社, 2005.

［83］ 李琴, 钱琴. 俄语句法语义学 ［M］. 上海：上海外语教育出版社, 2006.

［84］ 李锡胤. 数理逻辑入门 ［M］. 北京：知识出版社, 1984.

［85］ 林玉山. 现代语言学的历史与现状 ［M］. 郑州：河南人民出版社, 2000.

［86］ 刘富华, 孙维张. 索绪尔及结构主义语言学 ［M］. 长春：吉林大学出版社, 1996.

［87］ 倪波. 倪波集 ［M］. 哈尔滨：黑龙江大学出版社, 2007.

［88］ 彭玉海. 理论语义学 ［M］. 哈尔滨：黑龙江人民出版社, 2008.

[89] 彭玉海．论题元重合 [J]．中国俄语教学，2008 (3)：17 – 22.

[90] 冉永平．语用学：现象与分析 [M]．北京：北京大学出版社，2006.

[91] 隋然．现代俄语语义及语用若干问题研究 [M]．北京：首都师范大学出版社，2002.

[92] 隋然．自然语言与逻辑语言：人脑与电脑 [J]．外语与外语教学，2003 (2)：29 – 33.

[93] 商玉杰，赵永华，山鹰．俄罗斯文化国情学 [M]．北京：中国人民大学出版社，2002.

[94] 索振羽．语用学教程 [M]．北京：北京大学出版社，2000.

[95] 吴克礼．俄罗斯社会与文化 [M]．上海：上海外语教育出版社，2001.

[96] 徐志鸿，黄国营．语言学概论 [M]．太原：山西高校联合出版社，1994.

[97] 薛恩奎．词汇语义量化研究 [M]．哈尔滨：黑龙江人民出版社，2006a.

[98] 徐涛．词汇函数的理论与应用 [D]．黑龙江大学，2011.

[99] 薛恩奎．"M⇔T"文法转换规则与机器翻译 [J]．解放军外语学院学报，2005 (1)：73 – 78.

[100] 薛恩奎．"意思⇔文本"语言学与词典学 [J]．俄语语言文学研究，2006b (4)：35 – 43.

[101] 薛恩奎．"意思⇔文本"语言学研究 [M]．哈尔滨：黑龙江人民出版社，2006c.

[102] 薛恩奎，И. A. Мельчук "意思⇔文本" 学说 [J]．当代语言学，2007 (4)：317 – 330.

[103] 杨杰．俄语词汇学教程 [M]．上海：上海外语教育出版社，2009.

[104] 易绵竹，薛恩奎．2002 一种与 UNL 接口的机器翻译系统 ETAP – 3 概要 [A] // 机器翻译研究进展．北京，2002，24 – 31.

[105] 于鑫．阿普列相及其语义理论 [J]．解放军外国语学院学报，2006 (2)：30 – 33.

[106] 于鑫．意思⇔文本模型的深层句法语言 [J]．外语研究，2005 (5)：22 – 26.

[107] 张家骅．俄汉语中的语义配价分裂现象 [J]．外语学刊，2008 (4)：29 – 33.

[108] 张家骅．"词汇函数"的理论和应用 [J]．外语学刊，2002a (4)：1 – 10.

[109] 张家骅．莫斯科语义学派 [J]．外语研究，2001 (4)：1 – 9.

[110] 张家骅．莫斯科语义学派的理论要点 [J]．中国外语，2006 (3)：7 – 8.

[111] 张家骅．莫斯科语义学派的配价观 [J]．外语学刊，2003 (4)：50 – 53.

[112] 张家骅．莫斯科语言学派的义素分析语言 [J]．当代语言学，2006 (2)：129 – 143.

[113] 张家骅．再议莫斯科语义学派的配价观 [A] // 中国俄语教学研究理论与实践．北京，2009，114 – 123.

[114] 张家骅．Ю. АПРЕСЯН/A. WIERZBICKA 的语义元语言 (一) [J]．中国俄语教学，

2002b（4）：1－5.

［115］张家骅.Ю. АПРЕСЯН/A. WIERZBICKA 的语义元语言（二）［J］. 中国俄语教学，2003（1）：1－6.

［116］张家骅，彭玉海，孙淑芳，李红儒. 俄罗斯当代语义学［M］. 北京：商务印书馆，2005.

［117］张志毅，张庆云. 词汇语义学［M］. 北京：商务印书馆，2005.

［118］郑秋秀. 莫斯科语义学派句法语义研究—语义配价、支配模式及题元结构［D］. 北京：首都师范大学，2010.

［119］周建设. 西方逻辑语义研究［M］. 武汉：武汉大学出版社，1996.

［120］中国科学院计算技术研究所. 俄汉机器翻译试验［J］. 电子计算机动态，1960（4）：1－14.

后　记

对《意义⇔文本》模式理论的兴趣起源于在首都师范大学攻读博士期间，在导师杜桂枝教授的耐心指导下，笔者研读了俄罗斯著名语义学家 Ю. Д. Апресян 俄文版的《语言整合性描写与体系性词典学》一书，在阅读的过程中，大量的术语使我感到困惑。带着诸多疑问我查阅了相关材料，明白这些术语源于 И. А. Мельчук，Ю. Д. Апресян 等人以自动化翻译为目标构建的《意义⇔文本》模式理论。在层出不穷的问题的引导下，笔者开始系统而深入地研究这个理论。该理论是关于语言体系的一种新认识，是对语言学知识新的构建，莫斯科语义学派就是在该理论的构建过程中形成的，以该理论为基础还创建了很多自动化翻译模型，因此，该理论具有很大的理论和应用价值。但是，《意义⇔文本》模式理论的很多表述或者具有形式化特点，或者相当概括，使得该理论很难被透彻地理解，这在一定程度上埋没了它的价值。笔者经过对该理论的存疑、理解、分析、比较、总结发现了这一点，也正是这些思索过程产生的结果形成了本书的内容。

本书综合了笔者博士论文相关内容和 2018 年笔者承担的河北省高等学校人文社会科学青年拔尖人才项目"机器翻译理论框架下语篇内拆分型句子结构同义转换研究"（项目编号：BJ2018101）的研究成果，吸收了博士后在站研究及答辩过程中获得的关于该理论的意见和建议，以及书稿审阅过程中各位专家学者的意见。

从 2008 年与《意义⇔文本》模式理论相识到今天这本书的出版，我有幸得到多位导师、专家学者、领导同事、家人等各方面的支持和帮助。

2008 至 2011 年攻读博士期间，正是杜桂枝教授引导我走近该理论，并在理论的理解和分析、研究方法、论文的撰写和表达等诸多方面给予了悉心的指导，扩展了我的学术视野。同时硕士生导师隋然教授及博士论文答辩委员会史铁强、李红儒、蔡晖、梁雪梅等各位专家都提出了很多非常有价值的意见和建议。

2011 至 2013 年博士后在站研究及博士后研究的内容也涉及《意义⇔文本》模式的基本理论。站内的很多老师及博士后报告答辩委员会专家对相关内容也提出了中肯的建议或修正意见，这些专家学者包括合作导师王辛夷、宁琦、褚敏、李玮、周海燕、黄颖、武瑗华、刘娟等。

此外，本书在审阅期间，承蒙北京第二外国语大学学者许传华在百忙之中审阅书稿，提出许多宝贵的建议和修改意见。

2016 年开始，笔者在河北大学外国语学院俄语系工作，得到了各位院领导和同事们在学术、教学及其他方面的支持和帮助。本书的出版不仅得到了河北省高等学校社科研究 2018 年度基金项目（项目编号：BJ2018101）的支持，同时得到了河北大学外国语学院及其他相关部门的大力支持。

另外，本书的出版得到了知识产权出版社的支持，尤其是王玉茂老师及其他相关老师的认真编辑和校改。

在本书即将出版之际，请允许我向本书撰写和出版过程中给予悉心指导、提出宝贵意见、提供支持和帮助的上述导师、各位专家学者、领导、同事、出版社编辑、工作单位及相关各个部门表达不尽的感激之情。同时，也感谢家人一贯的支持和帮助。

最后，书中会有一些不妥之处，恳请各位专家和读者批评指正，将由衷感谢。

胡连影
2018 年 5 月于北京